초기 한국 장로교회의
청교도 신학

| 김홍만 박사 저 |

지금의 한국 교회는 놀라운 신학적 유산을 잃어 버렸을 뿐 아니라 잊어 버린 지 오래되었고, 혹은 전혀 모르는 사람들도 많다. 청교도 신학에 근거하여 사용되었던 전도 책자와 소위 오늘날 유행처럼 교회에서 사용하고 있는 전도 책자나 훈련을 비교해 보면 오늘날의 것이 그 깊이나 내용에 있어 얄팍하고 피상적이라는 것을 쉽게 확인할 수 있다.

도서출판 **옛적길**

도서출판 **옛적 길**의 출판정신

옛적 길이란 예레미야 6:16의 본문을 근거로 하여 변하지 않는 진리의 길을 말한다.

바로 이러한 정신 아래에서 칼빈의 종교개혁과 청교도 신학의 회복을 추구한다. 실제로 종교개혁 이후 개혁주의와 청교도 신학의 회복 운동이 일어날 때마다 영적 대각성과 대부흥이 일어 났었다.

따라서 **옛적 길**은 개혁주의와 청교도 신학의 부흥을 통해 교회개혁과 영적 대각성을 추구하는 출판사 이다.

머리말

초기 한국 장로교회는 분명 청교도 신앙에 철두철미한 교회였음에 틀림없다. 무엇보다도 그 당시 미국 북 장로교 선교 총무였던 브라운 박사의 직접적 증언이 바로 이것을 말하고 있다. 특히 그가 청교도의 유형의 회심자와 존 번연의 **천로역정**을 언급하는 것에서 청교도 신학의 특성을 바로 지적하고 있음을 볼 수 있다.

브라운 박사의 이런 지적에도 불구하고 한국 장로교회의 청교도 신학의 특성을 연구하고, 또 그것에 대한 효과를 고찰한 연구들이 그리 많지 않다. 더욱이 청교도 신학이라는 것은 16세기와 17세기 잉글랜드와 뉴잉글랜드의 배경을 가지고 있으며 이것과 한국 장로교회의 상황과는 350-400년이란 시공간의 차이가 있는데도, 이것에 대한 연구는 거의 없다. 물론 이러한 청교도 신학이 미국의 북 장로교를 통해 들어왔음이 분명한데, 미국 북 장로교는 어떻게 해서 이러한 청교도 신학을 가지고 있었는지에 대한 연구도 거의 없는 형편이다.

그래서 이러한 연구와 자료 부족으로 인해 초기 한국 장로교회의 신학적 근거를 구학파 혹은 신학파 가운데서 찾으려는 노력들이 있었고, 때로는 선교사들이 부흥을 추구했던 모습 속에서 그들이 영적 대각성의 신학적 유산 아래 있는 것으로 보려고 했다. 그러나 이러한 논의에 있어서도 서로 혼동을 거듭하고 있다. 때로는 자료 부족으로, 때로는 편파적인 자료를 가지고 연구함에 따라서 정확한 근원을 밝히지 못하고 있는 실정이다.

따라서 본서는 이러한 문제들을 풀기 위하여 쓰여졌다.

먼저 현재 초기 한국 장로교의 신학적 고찰에 대한 연구를 재고찰하면서 그것에 대한 문제점을 지적하고 그 역사를 바로 볼 수 있는 자료와 사건들을 제시하였다.

둘째로, 한국 장로교에 청교도 신학이 유입되는 과정을 역사-신학적으로 추적하였다. 즉 미국 북 장로교가 어떻게 300년 동안 청교도 신학을 그대로 가지고 있었는지를 고찰하였다. 그리고 청교도 신학을 유지하면서 발생되었던 사건들(영적 대각성, 부흥, 선교, 때로는 교회 분리)을 다루었다. 이것은 초기 한국 장로교에 가장 큰 영향을 주었던 미국 북 장로교의 신학적 근거에 대한 가장 포괄적이며 구체적인 연구이다.

셋째로, 미 북 장로교 선교사들이 그들의 역사-신학적 배경과 유산 속에서 견지하고 있는 청교도 신학이 어떻게 선교사들의 사역 속에서 구현되었는가를 구체적으로 고찰하였다. 이들의 사역 속에서 청교도 신학의 진수들이 다 나타나는데 그것을 모두 정리하여 서술하였다. 이것은 실로 350-400년 전의 잉글랜드와 뉴잉글랜드 청교도 목회자와 선교사들의 사역과 같은 것이다. 그래서 필자는 350-400년 전의 청교도 작품들과 미국 북장로교 선교사들이 사용했던 전도 책자 등과 신문을 서로 대비하기도 하였다.

넷째로, 16-17세기에 청교도 신학이 잉글랜드와 뉴잉글랜드에서 그 분명한 효과와 열매를 맺었다. 그리고 청교도 신학이 유산으로 내려오면서 18-19세기에 그 분명한 효과와 열매들을 계속 생산하였다. 이러한 신학적, 역사적 정황을 보면서 초기 한국 장로교회의 청교도 신학이 과연 이러한 효과와 열매를 맺었는가를 확인해 보았다. 그것은 예외 없이 똑같은 열매였다.

지금의 한국 교회는 이렇게 놀라운 신학적 유산을 잃어버렸을 뿐 아니라 잊어버린 지 오래되었고, 혹은 전혀 모르는 사람들도 많다. 청교도 신학에 근거하여 사용되었던 전도 책자와 소위 오늘날 유행처럼 교회에서 사용하고 있는 전도 책자나 훈련을 비교해 보면 오늘날의 것이 그 깊이나 내용에 있어 얄팍하고 피상적이라는 것을 쉽게 확인할 수 있다. 따라서 필자가 이 책을 쓰면서 가장 바라고 소망하는 바는 초기 한국 장로교회가 청교도 신학을 가지고 분명한 열매를 맺었던 것과 같이 지금 이러한 청교도 신학으로 돌아가서 그 열매를 다시 맺고자 하는 것이다.

김홍만 박사

목차

제1장
초기 한국 장로교의 신학적 전통에 대한 재고찰 11

제2장
미 장로교와 청교도 신학 35

제3장
초기 한국 장로교회의 청교도 신학 79

제4장
청교도 신학과 한국교회의 대부흥 123

부록 159

참고 문헌 161

초기 한국 장로교의
신학적 전통에 대한 재고찰

제1장

서론

초기 한국 장로교회의 신학적 전통에 대해서 언급할 때[1] 청교도 사상이라고 말하는 자가 있고 심령 부흥을 지향하는 신학이라고 평가하는 자들도 있으며 구학파라 주장하는 자가 있고 구학파와 신학파가 함께 어우러진 것으로 보는 자들도 있다.[2] 그러나 이러한 관점들은 사실 하나의 주제를 전체로 보지 못한 것이다. 왜냐하면 청교도 사상은 부흥(Revival, Awakening)[3]과 밀접

---

1. 미국 북 장로교가 선교사 숫자나 활동면에서 남 장로교나 캐나다, 호주 장로교보다 훨씬 우세하였기 때문에 북 장로교의 신학적 배경을 주제로 한다.
2. 이러한 논의에서 약간 벗어나 근본주의라는 주장(김재준, 주재용, 이종성)과 복음적 보수주의라는 주장(간하배)들이 있지만 이는 초기 장로교의 신학을 나중에 일어난 신학 사조로 해석하는 것으로 역사적 연구 방법론에서 일찍이 잘못되었다(참조, 서정운, 초기 한국 장로교회의 성장과 선교사들의 신앙정신, p. 181-182, 1981).
3. Revival, Awakening의 차이는 성령의 역사의 정도 차이로서 Awakening은 Revival의 연속적, 집합적 발생을 말한다.

한 관계를 가지고 있으며 부흥 신학에 대한 견해가 달라 구학파와 신학파로 갈라졌기 때문에 이러한 논의는 사실 하나의 주제이다. 그러나 이러한 하나의 주제를 각각 개별적으로 봄으로써 정확히 파악되지 못했다.

따라서 먼저 지금까지의 학자들의 견해를 정리하고 초기 한국 장로교의 신학적 전통이 청교도 신학에 있으며 그 청교도 신학이 부흥과 직접적인 관련이 있음을 역사, 신학적으로 살펴보고자 한다.

1. 청교도 신학의 관점

초기 한국 장로교회의 신학의 근본이 청교도 사상이라는 주장을 펼 때 학자들은 가장 우선적으로 미국 북 장로교 선교 총무였던 브라운 박사의 글을 언급한다. 브라운 박사는 다음과 같이 말했다.

> 이 나라에 복음의 문이 열린 후 25년간 활동했던 전형적인 선교사들은 청교도 유형의 사람이었다. 그들은 한 세기 전 우리의 뉴잉글랜드 조상들이 했던 것처럼 안식일을 지켰고, 춤 추는 것이나 담배 피우는 것, 카드놀이(노름)하는 것을 죄로 여겨 그리스도를 참되게 따르는 자로서 해서는 안 될 일로 보았다…. 한국교회의 회심자들

은 당연히 이러한 유형을 재생산 해냈다. 그 결과는 존 번연의 "천로역정"에서의 그리스도인의 경험과 같은 것이었다.[4]

　브라운 박사는 초기 북 장로교 선교사들이 청교도 신학을 가지고 있었던 사실은 잘 파악했지만, 왜 청교도 신학이 안식일을 중요시하며, 왜 세상적 죄에 대해 민감했는지에 대한 언급은 없이 단지 외적인 묘사로 끝났다. 사실 브라운 박사는 앞에서 말한 초기 북 장로교 선교사들의 청교도적인 신학적 입장에 대해 긍정적이지 않았다. 그 이유는 그가 청교도 신학에 대한 이해가 부족했으며, 이미 북 장로교에서 일어난 자유주의 사상에 영향을 받았기 때문이다. 그는 자유주의와 보수주의가 서로 평화롭게 일하고 배워야 한다는 입장을 가지고 있었다. 그래서 그는 특별히 청교도들의 신학을 온전히 이해하지 못하고 단지 자유주의자들의 주장을 따라, 청교도들을 이원론적 구원관을 가진 자들로 보고, 세상을 등지고 그리스도인들의 사회적 책임에 대해서는 외면하는 자들이라고 생각했다.

　그러나 이는 사실과 무척 동떨어져 있다. 청교도들은 구원론을 통해 교회개혁을 이루고, 교회개혁을 통해 사회개혁을 이루고자 했다. 이 사상은 특히 미국 청교도 사상에서 매우 중요한

---

4. Arthur Judson Brown, *The Master of the Far East* (New York, 1919), p. 540.

역할을 하는데, 하나님의 영광을 위해 새로운 세상(New World)에서 그리스도인으로서 사회적 책임을 다하고자 했다. 따라서 그리스도인으로서의 사랑과 자기 부정을 통한 "공동 정신"(Public Spirit)은 미국의 초기 청교도들의 교회와 사회를 동시에 바라보는 사상이었다.[5] 그런데 브라운 박사는 이 부분을 이해하지 못했던 것이다.

사실 한국의 초기 장로교 선교사들은 이러한 청교도의 "공동 정신" 사상의 영향을 받아 조선 말기의 양반제도와 중혼제도의 개혁을 위해 애썼다. 또한 노동정신의 중요성을 일깨웠으며, 아편과 금주, 금연운동을 벌였고, 학교와 병원을 설립했다. 그뿐 아니라 북 장로교 선교사들은 그리스도 신문을 발간하여 교회소식은 물론이거니와 관보의 기능까지 감당했고, 농사 짓는 법, 가축 기르는 법 등까지도 전하였다. 김인수 교수는 이 부분을 잘 지적하여 "청교도주의는 결코 내세 지향적 신앙이 아니었다"라고 말한다.[6]

둘째로, 박형룡 박사는 한국 장로교의 신학적 전통이 청교도

---

[5]. 청교도들은 사회를 어떻게 변혁시켜야 하는지에 대한 전문가였고 사회윤리에 확고한 신학을 갖고 있었다(참조, Allen Carden, *Puritan Christianity in America* 〈Grand Rapids, 1990〉, pp. 133-157).

[6]. 김인수, 한국교회와 청교도 운동(장신논단, 1997), p. 121.

신학임을 지지하였다. 그는 전도에 있어서 성령의 역사를 중요시하고 선교사들의 안식일 준수를 강조했는데 이것이 바로 청교도 신학이라고 말했다. 이는 매우 정확한 지적이다. 다른 말로 하면 청교도들은 구원의 수단으로서의 성령의 역사에 대해서는 이론가였을 뿐 아니라 영적으로는 실천가들이었다. 마치 청교도들의 회심 신학을 조나단 웨드워즈(Jonathan Edwards)가 전도 신학으로[7] 사용한 것처럼 초기 한국 장로교 선교사들은 청교도 회심 신학을 전도 신학으로 사용했다. 그리고 이미 미 장로교 역사 속에서 청교도 회심 신학은 전도 신학으로 18세기를 거쳐 19세기에 이르렀다.

실제로 19세기의 북 장로교 선교사들의 전도 교범으로 널리 사용된 청교도들의 책은 리처드 백스터(Richard Baxter)의 회심치 못한 자들을 향한 부르심(*Call to the unconverted*), 존 플라블(John Flavel)의 은혜의 수단(*Method of Grace*), 매튜 미드(Mathew Mead)의 유사 그리스도인(*Almost Christian*), 조셉 알레인(Joseph Alleine)의 회심치 못한 자들에 대한 경고(*Alarm to the unconverted*), 필립 도드리지(Phillip Doddridge)의 영혼의 일어남과 회심 과정(*Rise and Progress*)[8]들이다. 이 책들은

---

7. John Gerstner, *The Rational Biblical Theology of Jonathan Edwards* Vol. 3(Powhathan, 1993), pp. 1-49.

한 영혼이 주께로 돌아올 때 성령께서 어떻게 역사하시고 그 영혼에게 어떠한 영적 현상이 일어나는가에 대한 내용을 다루고 있다.

이것뿐 아니라 특별히 19세기의 프린스턴 신학교 출신의 선교사들 가방 안에는 청교도 신학자들인 존 오웬(John Owen), 스테판 차녹(Stephen Charnock), 존 번연(John Bunyan), 사무엘 러더포드(Samuel Rutherford), 토머스 보스턴(Thomas Boston), 조나단 에드워즈, 존 플레블의 책들로 가득 차 있었다.[9] 따라서 프린스턴 신학교 출신의 선교사들 가운데 한국 장로교에 지대한 영향을 미친 존 네비우스(John Nevius) 역시 마찬가지였다. 그는 말하기를 "나는 성경 다음으로 실천적인 종교에 초점을 두고 있는 리처드 백스터의 성도의 안식(Saint Rest), 필립 도드리지의 영혼의 일어남과 회심 과정 그리고 존 플레블의 작품들을 중요시합니다."[10]라고 했다.

이러한 역사적, 교단적 신학 배경에 의해 청교도의 전도 혹은 성령 신학이 그대로 한국교회에 들어와 초기 장로교 선교사들의 실제적 전도 방법과 메시지가 되었다. 그래서 장로교 선교사

---

8. Armstrong, Loetscher, and Anderson, *The Presbyterian Enterprise* (Philladelphia, 1956), p. 184.

9. David Calhoun, Princeton Seminar(Edinburgh, 1994), p. 160.

10. Helen Nevius, *The life of John Livingston Nevius* (New York, 1895), p. 89.

들의 전도는 회심에 초점을 두고 있으며 내용상으로는 매우 교리적이고 경험적이었다. 청교도의 회심 신학은 선교사들의 세례자 교육과 문답에서 그대로 나타났으며 그 신학에 따라 반드시 진정한 구원의 은혜와 회개의 증거가 확인될 때까지 세례를 미루었다. 이것은 교회의 회원권(membership)과 교회에서의 징계와 연결되어 있었다. 또한 초기 장로교 선교사들의 안식일(주일) 준수에 대한 강조는 바로 이것이 청교도 개혁운동의 수단이 되어 위선자를 가려낸 것처럼[11] 그리고 미국 북 장로교 역사 속에서(18-19세기) 영적 온도계의 수단으로서[12] 그 영혼이 진정 깨어져 있는가의 여부를 확인하는 데 사용되어졌다.

셋째로, 이러한 선교사들의 청교도 신학적 배경에 대해 경건주의로 해석하려는 학자들이 있다. 그들은 주장하기를, 초기 장로교회의 선교사들이 경건주의자들의 후예들로서 "감정적이고 체험적이며 죄와 심판과 그리스도의 속죄와 영생을 강조하는 개인 구원과 교회 설립을 위주로 하는 정신이 투철하였다"[13]라고 한다. 이러한 해석은 경건주의와 청교도주의가 경험적인 것

---

11. 원종천, 청교도 언약사상(서울, 1998) 제3장 참조.
12. 1858년 북장로교 총회록, p. 302-303 참조. Nevius의 *Planting and development of missionary churches*(Phillipsburg, nd), p. 46 참조.
13. 서정운, 초기 한국 장로교회의 성장과 선교사들의 신앙정신, p. 176, 1981.

을 강조한다는 유사성 때문에 나온 것으로 보인다. 그러나 청교도주의와 경건주의는 뚜렷이 구별된다. 즉 청교도주의는 경건주의보다 매우 교리적이며 지적 요소를 강조한다.[14] 실례로 초기 장로교 전도문서를 보면 너무 무거울 정도로 교리적이다. 이는 청교도의 전통을 그대로 따른 것으로 경건주의와 뚜렷이 구별되어진다.

2. 구학파와 신학파의 관점

1909년 당시 40명의 북 장로교 선교사들의 출신 신학교를 볼 때 프린스턴 출신이 16명, 맥코믹 출신이 11명으로 구학파의 배경이 지배적이었다.[15] 이렇게 뚜렷한 구학파의 배경임에도 불구하고 신학파라고 주장하는 학자가 있고 구학파와 신학파의 중간 견해를 취하는 학자도 있다. 그 이유는 초대 장로교회 선교사들이 부흥을 지지했는데 이는 구학파의 배경이 아니라 신학파의 배경으로부터 온 것으로 생각했기 때문이다. 즉 이들의 생각

---

14. Dale Brown, *Understanding Pieties*(Eerdmans, 1978) 참조.
15. 전성천 박사도 선교사들의 출신 고향을 볼 때 구학파라고 말하지만 그의 견해는 부정적 입장에서의 주장이며 사실 출신 고향을 가지고 이렇게 말할 수 없다. 왜냐하면 선교사들 중 미국의 서부인 워싱턴, 오레곤, 캘리포니아 주 출신자들도 상당수 있기 때문이다. 전성천, *Schism and Unity in Protestant Churches of Korea*(Seoul, 1979), p. 90와 북장로교 선교 25주년 기념강연 p. 136-139 참조.

에는 신학파가 부흥을 지지하고 구학파는 부흥을 반대한 것으로 보았다.[16]

(1) 한철하 교수의 견해

한철하 교수는 초대 장로교 선교사들이 신학파 배경이라고 주장한다. 그는 전성천 교수의 견해를 반박하면서 다음과 같이 말한다.

> 한국 교회의 신앙은 오히려 신파(New Side) 신학파(New School)의 경향이 짙다고 할 수 있다. 한국교회가 부흥주의를 귀중히 여겼던 일이나 목사의 교육 수준 문제도 반드시 선교사의 경우와 같이 요구할 필요가 없다고 하는 태도 등이 미국에 있어서의 구학파 전통과는 너무나 어긋난다…즉 구파는 부흥운동에 별로 휩쓸리지 아니하였고 신파는 부흥운동에 가담한 목사들로 구성된다. 19세기 신학파와 구학파의 분열이 일어난 것은 목사의 교육 수준 때문이었다.[17]

이처럼 한철하 교수가 초기 선교사들의 부흥에 대한 태도를 가지고 그들의 역사적 뿌리를 살피려 한 것은 옳지만 그 신학적 뿌리를 잘못 거슬러 올라감으로 혼동을 일으키고 있다.

---

16. 이 혼동은 진정한 부흥(Genuine Revival)과 부흥주의(Revivalism)를 구별하지 못한 데서 온 것이다. 구학파는 인본주의적 부흥주의를 반대하면서 하나님께서 주신 진정한 부흥을 추구했다.
17. 한철하, 보수주의 신학의 어제와 오늘(기독교사상, 1970, 7월호) p. 99.

먼저 한철하 교수가 신파의 배경을 언급한 것은 바른 추적이다. 왜냐하면 미국의 제1차 영적 대각성 때(1730-1747) 신파가 부흥운동을 주도했기 때문이다. 제1차 영적 대각성 가운데 (1741년) 장로교는 부흥에 대한 태도로 인해 신파와 구파로 갈라졌다. 신파가 영적 대각성과 부흥을 지지한 반면 구파는 반대했다. 영적 대각성 초기에 부흥운동을 주도한 목회자들은 통나무 대학(Log College) 출신의 뉴브런스윅 노회(New Brunswick Presbytery)였다. 이들은 1741년 신파로 구성되었는데, 1742년부터 뉴욕 노회와 장로교 신학자 조나단 디킨슨(Jonathan Dickinson)이[18] 이 신파를 지지하고 부흥운동에 적극 동참하면서 영적 대각성은 1745년에 고조에 달했다. 이렇게 신파와 구파가 첨예하게 대립하여 갈라지게 된 이유는 신파가 부흥운동에 있어서 청교도의 회심 신학을 전도 신학으로 사용했기 때문이다.[19]

그러나 여기에서 한철하 교수는 구파의 주장을 그대로 수용한

---

18. 그는 장로교에서 조나단 에드워즈에 버금가는 신학자로서 뉴잉글랜드 청교도 신학의 유산을 그대로 이어 받았다. Leigh Eric Schimit, Jonathan Dickinson and the making of the moderate Awakening Journal of Presbyterian History 1985; Bryan F. Le Beau, Jonathan Dickinson and the formative years of American Presbyterianism(Kentucky, 1997).

19. 1741년 대회 때 구파는 7가지 교리적 문제를 내세웠는데 청교도 신학에 반발하는 것으로서 성령이 영혼 속에서 일하는 것을 인식할 수 없다는 주장으로, 청교도의 Heart Religion을 거부했다(1741년 대회록 참조).

듯하다. 구파는 신파가 목회자의 교육 수준을 중요시 여기지 않았다고 주장했다. 그러나 이것은 사실과 다르다. 특히 구파가 목회자의 교육적 수준에 대해 비난했던 신파의 뉴브런스윅 노회 목회자들은 존 테넌트(John Tennent Sr.)의 통나무 대학에서 개인적 신학 훈련을 받았는데 이들은 청교도 신학의 깊은 곳까지 정통한 자들이었다. 그 예로 통나무 대학에서 아버지에게 훈련받은 길버트 테넌트(Gilbert Tennent) 같은 경우는 그 학문성을 인정받아 예일 대학에서 문학석사 학위까지 수여했으며 이들의 설교는 매우 교리적이고 지적이어서 마치 신학 강의와 같았다.[20] 그러나 구파는 뉴브런스윅 노회의 목회자들이 유럽의 유명 대학 출신자들이 아니라 사설 개인 교습소 출신이라고 비난하면서 그들의 순회전도를 방해하였고 부흥을 반대하였다.

이렇게 구파의 목회자들은 신파를 비웃었지만 실상 신파의 활동은 구파를 훨씬 능가했다. 그래서 신파의 활동 1세기 후에 프린스턴 신학교 초대 교장이었던 아키발드 알렉산더(Archibald Alexander)는[21] 통나무 대학 출신 목회자들을 추억하면서 그들의 활동과 설교를 책으로 펴내기도 했다.[22] 이 책에서 그는 제1

---

20. 이 주제에 대한 연구는 Leonard Trinterud의 *The Forming of an Amerian Tradition*(Philadelphia, 1949)을 보라.
21. 그는 제2차 영적 대각성 때 회심을 체험했다. 그리고 대각성 때의 회심에 대한 책을 썼다(*Thoughts on Religious Experience*, 1844).

차 영적 대각성 당시의 일을 자세히 기술하고 있다. 이 외에도 조나단 에드워즈가 신파를 지원했고 영국의 전도자 조지 휫필드(George Whitefield) 역시 이들을 지원했다. 또한 신파는 1747년 통나무 대학을 흡수하여 뉴저지 대학(College of New Jersey)을 설립하게 되는데, 이것은 나중에 프린스턴 대학이 된다. 결국 1758년 신파와 구파가 연합할 때 신파의 교회 수는 22개에서 72개로 늘어난 상태였고, 구파는 24개에서 오히려 하나가 줄어 23개였다. 그리하여 신파는 장로교의 주류가 되어서 인디언 선교를 주도하고 미국의 독립 전쟁 때 사상적 지주가 되었으며 1812년에 이르러서는 프린스턴 신학교를 세우게 된다. 따라서 부흥운동을 주도한 신파는 교육, 지적 수준은 물론이거니와 영적 수준이 매우 높았다. 따라서 한철하 교수가 생각한 것처럼 부흥운동을 주도한 신파는 교육 수준도 낮고 정적인 것에 치우쳤다고 할 수 없다.

둘째로, 한철하 교수는 신파와 신학파가 연속성을 가지고 있다고 보았는데 이는 신학적으로 거리가 멀다. 1837년 미국 장로교가 구학파와 신학파로 분리되었는데 여기에는 6가지 이슈들이 연결되어 있었다.[23] 이때 가장 중요한 신학적 이슈는 펠라기

---

22. Archibald Alexander, *Biographical Sketches of the Founder and Principal Alumni of the Log College* (Philadelphia, 1851).

우스 신학으로 기울어져가는 뉴해븐 신학(New Haven Theology)을 신학파가 적극 옹호하였고 이에 따른 찰스 피니가 감정주의를 수단으로 해서[24] 부흥주의[25]를 인도한 것이었는데, 구학파는 이것에 반대하였고 이로 인해 교회 정치와 선교 문제로 분리된 것이다. 이때 구학파이며 프린스턴 신학교 교수들이었던 아키발드 알렉산더, 애쉬벨 그린(Ashbel Green), 사무엘 밀러(Samuel Miller)는 잘못된 신학과 부흥주의를 계속 경고하였다. 이러한 프린스턴 신학교 교수들과 구학파의 목회자들은 제1차 영적 대각성 때(1730-1747)의 신파의 청교도 신학과 부흥 신학으로 돌아갈 것을 신학파에게 말했지만 신학파는 듣지 않고 결국 분리되었다.[26] 따라서 일반적으로 구파가 구학파와 연결성을 갖고 신파가 신학파와 연결성을 갖는다고 생각하기 쉬운데 그것은 잘못된 것이다.[27] 앞에서 살펴본 바와 같이 구학

---

23. George Marsden이 정리한 바에 따르면 다음과 같다. 1) 고백주의 2) 장로교 정치 3) 회중 교회와의 연합 문제 4) 부흥주의 방법론 5) 뉴해븐 신학 6) 노예제도(The Evangelical Mind and the New School Presbyterian Experience, 1970).

24. 신학적으로는 알버트 반즈가 지지했다. 그래서 그의 로마서 주석은 구학파와 신학파가 갈라지는 데 크게 작용한다.

25. 여기서 부흥과 부흥주의를 구별해야 한다. 부흥주의는 인간의 감정을 부추겨 마치 그것이 성령의 은혜인 것처럼 하여 집회를 인도하였다. 인간의 감정을 부추기기 위해 여러 가지 수단들을 동원했는데 집회 가운데서 이름을 부른다거나 은혜를 받을 수 있는 특별한 좌석을 만들어 그곳에 사람을 앉히기도 했고 때로는 비정상적인 영적 현상(웃음, 쉴새 없이 춤추는 것, 고개를 쉴새 없이 끄덕이는 것)을 은혜의 수단으로 간주하여 장려했다.

26. 이들의 부흥 신학은 윌리엄 스프라그(William Sprague)가 편집 출판하였다(Lectures on Revivals of Religion, 1832).

파는 신파에 근거를 두고 있다.

따라서 초기 한국 장로교회의 부흥 추구는 신파로부터 내려와서 구학파의 참된 부흥을 추구하는 신학적 전통에 있었다. 그리고 이러한 신학적 연결고리가 바로 청교도 신학이었다. 청교도 신학은 부흥을 준비하는 신학이었고, 교회 안에서 청교도 신학이 재차 강조될 때 부흥을 경험했다. 또한 부흥은 선교의 힘을 제공했으며, 한국에 온 미국 장로교 선교사들이 이러한 청교도 신학을 가지고 들어와 부흥을 추구한 것이다.

(2) 홍치모 교수의 견해

홍치모 교수는 전성천 박사와 한철하 교수의 중간 입장을 취하면서 초대 장로교 선교사들의 신학적 전통에 대해서 구학파의 특징과 신학파의 특징이 함께 어우러져 있는 것으로 보고 다음과 같이 말했다.

> 구학파의 심오한 특징이 칼빈주의 신학과 철저한 장로교회의 정치 원리의 실천을 강조하는 데서 찾아 볼 수 있다면 신학파는 부흥과 전도에 역점을 두었다는 데서 그 특징을 찾아 볼 수 있다.[28]

---

27. William Henry Roberts, *A Concise History of the Presbyterian Church in the U.S.A.*(Philadelphia, 1922), p. 28.

28. 홍치모, 초기 미국 선교사들의 신앙과 신학(신학지남, 1984년, 51권), p. 132.

홍치모 교수의 견해 속에서 먼저 주의 깊게 살펴보아야 하는 것은 구학파의 부흥에 대한 견해이다. 홍치모 교수는 구학파는 부흥에 대해서 소극적인 태도를 취하고 신학파는 부흥에 대해 적극적인 태도를 가졌던 것으로 이해하고 있는데 이것은 사실이 아니다. 구학파는 부흥을 반대한 것이 아니라 부흥주의를 반대한 것이다. 구학파와 신학파가 갈라선 당시 구학파 신학자인 루이스 치즈맨(Lewis Cheeseman)은 홍치모 교수와 같은 생각을 가지고 있는 자들을 향하여 이렇게 지적하였다.

> 구학파에 대한 잘못된 인상 하나가 팽배하고 있는데 그것은 구학파가 부흥을 믿지 않고 있다고 보는 것이다. 그러나 이것은 잘못된 것이다. 구학파와 신학파의 차이점은 부흥의 사실에 있는 것이 아니라 그것들의 진정성에 대한 증거를 어떻게 보느냐에 있다.[29]

구학파는 진정한 참된 부흥을 추구했다. 구학파는 제1차 영적 대각성의 실천적, 신학적 유산과 철저한 칼빈주의, 청교도 신학에 근거한 조나단 웨드워즈와 조나단 디킨슨의 부흥 신학을 계속 고수하고 있었다. 구학파의 신학교인 프린스턴 신학교는 참된 부흥을 추구했고, 19세기에 학교 내에서 상당히 여러 차례 부

---

29. Lewis Cheeseman, *Difference between Old and New School Presbyterians*(Rochester, 1848), p. 150.

흥을 경험했다.³⁰ 그리고 프린스턴 신학교는 개교회에 부흥이 일어났을 때 지원을 아끼지 않았는데, 실제로 1848년 뉴저지의 테넌트 교회에서 부흥이 일어났을 때 알렉산더 교수는 학업을 잠시 중단하고 3명의 신학생을 그 교회에 보내 그 일들을 돕게 했다.³¹

더욱이 제2차 영적 대각성이 일어난 후 1857-1858년 뉴욕에서부터 대부흥이 일어나 전국으로 확산될 때도 구학파가 그 부흥 신학을 주도했는데 프린스턴 신학교에서 교수로 일했던 제임스 알렉산더(James Alexander)는 청교도 회심 신학을 근거로 해서 참된 부흥을 이끌기 위한 부흥 교범을 출판하기도 했다.³²

1860년 구학파의 총회록은 구학파가 얼마나 진정한 부흥을 추구했는가를 단적으로 보여 주는데, 1857-1858년의 대부흥이 교회에 참된 경건을 가져다 주었다고 보고하고 있다.³³ 이것뿐 아니라 구학파의 신학자인 찰스 하지도 참된 부흥을 지지했

---

30. 맥코믹 신학교도 비슷한 분위기였다. 참된 부흥에 대해 열망했고 청교도 신학에 근거한 제2차 영적 대각성 때의 부흥 신학자 아사헬 네틀톤의 영향을 받았다. Le Joy Halsey, *A History of the McCormick Theological Seminary of the Presbyterian Church*, 1893, pp. 347-348.

31. David Calhoun, Princeton Seminar Vol. 1 (Edinburgh, 1994), pp. 233-234.

32. James Alexander, *The Revival and its Lesson: A Collection of fugitive papers, having reference to the Great Awakening*, p. 185 (New York, 1858).

33. 1860년 구학파 총회록, p. 266.

으며 더불어서 신학파의 부흥주의에 대해서는 감정주의며 부흥의 참된 열매인 경건을 얻을 수 없다고 경고했다.[34]

이렇게 구학파가 진정한 부흥을 추구한 반면 신학파는 부흥주의를 추구했는데 신학파의 부흥주의는 찰스 피니(Charles Finney)를 옹호하고 지원하였다. 찰스 피니의 부흥주의는 신학적으로 나다니엘 테일러(Nathaniel Taylor)의 신 신학(New theology)을 근거로 하고 있다.[35] 신학파 신학자인 사무엘 베어드(Samuel Baird)는 찰스 피니의 부흥주의를 옹호하면서 그의 신학은 테일러주의, 실천적인 펠라기우스주의라고 했다.[36] 따라서 구학파는 당연히 이러한 신학파의 펠라기우스주의와 완전주의(Perfectionism)를 견뎌 낼 수 없는 것이 당연하다. 그래서 프린스턴의 3인방인 아키발드 알렉산더, 사무엘 밀러, 애쉬벨 그린과 회중교회 신학자인 에드워드 그리핀(Edward Griffin)은 찰스 피니의 부흥 신학과 방법론의 위험성을 지적, 경고했다. 즉 찰스 피니의 부흥주의는 사람들로 하여금 위험한 자기 신뢰와 잘못된 거짓 확신에 거하게 하므로 교회에는 거듭나지 못한 자들로 가득 찰 것이라고 경고했다.[37]

---

34. Charles Hodge, *Conference Paper*(New York, 1879), pp. 338-340.

35. George Marsden,The Evangelical Mind and the New School Presbyterian Experience(New Haven, 1970), pp. 51-52.

36. Samuel Baird, *History of New School*(Philadelphia, 1868).

또한 홍치모 교수는 신학파가 구학파보다 훨씬 전도와 선교에 열심인 것으로 파악하고 있는데 그 당시 역사적 자료를 보면 그렇지 않다. 즉 구학파가 신학파보다 더욱 해외 선교와 국내 선교에 열심이었다. 1837년에 구학파와 신학파로 분리되자마자 구학파는 해외선교부를 설치해서 시암(1840), 중국(1843), 콜롬비아(1853), 일본(1859), 멕시코(1872)에 선교사를 파송했다. 미국내 선교도 마찬가지였다. 구학파의 국내 선교사 수가 신학파보다 항상 앞섰다. 구학파는 1857년 당시 590명의 국내 선교사를 파송했지만 신학파는 1861년에 국내 선교부를 설치하였고 1862년 당시 175명에 불과했다.[38] 그 이유는 구학파가 신파의 신학적 전통 아래서 청교도 신학을[39] 견지하고 있었으며 그 신학적 바탕 아래 복음 전도에 열을 올리고 참된 부흥을 추구했기 때문이다.

결국, 한국 장로교회의 신학적 전통을 논의할 때 구학파냐 신학파냐 하는 질문도 그들의 청교도 신학과 부흥에 대한 태도에 대한 질문으로 귀결되며 그 질문의 답은 바로 구학파이다. 그들

---

37. 결국 찰스 피니 말년에 자신의 부흥 신학이 잘못된 것임을 고백하였다. Charles Finney, Revival Fire (Minneapolis, n.d.) 참조. 또한 John Opie의 *Finnes Failure of Nerve: The untimely Demise of Evangelical Theology* (Journal of Presbyterian History, 1973) 참조.

38. Clifford Merrill Drury, *Presbyterian Panorama* (Philadelphia, 1952), p. 131, 153.

39. 청교도 신학은 항상 칼빈주의 사상 안에 있다.

은 청교도 신학을 견지하고 있었는데 그것은 참된 부흥을 추구했던 교단의 역사적 배경과 직접적인 관계를 가진다.

3. 영적 대각성의 배경에 대한 견해

한국 장로교회의 신학적 전통에 대해서 보다 직접적으로 미국의 영적 대각성이라고 보는 학자가 있다. 예를 들어 연세대학교의 차성환 교수는 다음과 같이 말한다.

> 한국의 초기 선교사들의 대부분은 19세기 후반기의 미국 출신이다. 이들은 물론이고, 뒤를 이은 거의 모든 선교사들도 얼마간의 정도 차이야 있겠지만 심령 부흥을 지향하는 신학 및 심령 부흥 운동의 영향권 아래 있었다. 한국의 개신교는 미국에서 있었던 제2차 심령 대부흥 운동의 추종자들의 선교 활동 결과로 건립되었다.

이렇게 차성환 교수가 미국의 영적 대각성과 선교를 연결시킨 것은 주의 깊은 관찰이다. 실제로, 제1차 영적 대각성이 일어난 후 미국 장로교는 아메리카 인디언 선교를 시작했으며, 제2차 대각성 전후에 해외선교가 시작되었다. 그리고 제2차 영적 대각성은 다시 제3차 대각성이라고도 불리우는 1857-1858년의 대부흥으로 연결되고 이 부흥의 불길은 영국의 웨일즈 지방으로 번졌다. 전도자 무디(D. L. Moody)도 대부흥 때 회심을 체험하고[40] 전도자가 되며, 프린스턴 신학교에는 대부흥이 일어난 다음 해 95명이라는 가장 많은 입학생이 들어갔다.[41] 또한 대부흥이 일어난 직후 장로교의 구학파는 브라질과 일본선교를 시작하였다.[42] 따라서 차성환 교수가 지적한 것이 맞다.

그러나 이러한 차성환 교수의 해석에 하나의 문제점이 발견된다. 그는 말하기를 "영적 부흥 운동을 이끌었던 지식인들은 자유주의 신학에 대항하여 정통적 기독교 신앙을 반 이성적 방식에서 방어하고자 했다"라고 했는데, 이는 미국에서 제2차 영적 대각성이 제1차 영적 대각성 때의 조나단 에드워즈, 조나단 디킨슨, 길버트 테넌트와 같은 신학자의 신학과 청교도 신학의 회심신학을 다시 회복시키고자 하는 가운데 일어난 것을 간과한 것이다.[43] 이는 매우 지성적인 것이었다.

여기서 한 가지 밝혀야 할 사실 하나는 미국의 제1, 2차 영적

---

40. 그는 찰스 피니의 테크닉 위주의 방법론에 영향을 받지 않았다(David Calhoun의 Princeton Seminary Vol. 2. p. 25).

41. David Calhoun, Princeton Seminary (Edinburgh, 1994), p. 37.

42. Benjamin Lake, *The Story of the Presbyterian Church in the U.S.A.* (Philadelphia, 1956).

43. 제1차 영적 대각성과 청교도 신학과의 관계는 Charles E. Hambrick-Stowe의 *The Spirit of the Old Writers: The Great Awakening and the Persistence of Puritan Piety* (Boston, 1993)를 보라. 제2차 영적 대각성과 청교도 신학과의 관계는 Martha Blauvelt의 철학박사 학위 논문인 Society, Religion, and Revivalism (Princeton University, 1975)을 보라.

대각성과 1857-1858년의 대부흥 때의 가르침의 핵심은 청교도의 회심 신학으로 매우 교리적이면서 경험적이라는 것이다. 이것이 그대로 한국 장로교회에 들어왔다. 그리고 이들의 청교도 신학은 그 효과로 1903-1907년의 대부흥을 일으킨다. 따라서 차성환 교수가 생각하는 것처럼 영적 대각성이나 한국의 대부흥이 어떤 지적인 것을 무시하고 감정적인 것에 치우친 것이 아니었다.

결국, 한국 초기 장로교회의 신학적, 역사적 전통은 미국의 영적 대각성과 연결시킬 수 있다. 그리고 이것은 다시 청교도 신학과 이어지기 때문에 초기 장로교 선교사들의 사역적 특성과 열매들을 살피기 위해서는 반드시 그들의 청교도 신학과 그 실제가 무엇인가를 살펴보아야 한다.

결론

지금까지의 초기 한국 장로교회의 역사적 전통과 선교사들의 신학적 특징을 살펴보았는데, 그 속에서 하나의 연결 고리를 발견할 수 있다. 그것은 바로 청교도 신학, 부흥, 선교이다.[44] 이것

---

44. Iain Murray는 이 연결된 주제에 대해 특별한 책을 썼다. *The Puritan Hope* (Edinburgh, 1971).

은 미국 장로교회의 신학적, 역사적 배경에 있기 때문이다.

즉, 미국 장로교회는 청교도 정신으로 돌아가고자 했을 때 제1차 영적 대각성을 체험했고(신파) 인디언 선교와 국내 선교에 박차를 가했다. 그리고 독립 후 다시 청교도 정신의 회복운동 가운데 제2차 영적 대각성을 맞이했고 그것의 산물로 해외선교가 이루어졌다. 19세기 중엽에 유럽으로부터 이민자들이 수없이 유입되고 교회가 영적으로 위기를 맞자 다시 청교도 신학으로 돌아가면서 1857-1858의 대부흥을 경험하고 국내 선교와 해외선교는 더욱 힘을 얻어 1884년 한국에까지 복음이 들어오게 된다(구학파). 따라서 선교사들은 청교도의 신학으로 훈련된 바 영혼 구원에 있어 성령이 일하시는 원리를 잘 알고 있었으며 성령이 일하시도록 인간의(선교사의) 책임을 다했던 것이다. 그래서 결국 한국 장로교는 미국 교회가 세 번이나 경험했던 것과 같은 대부흥을 맛볼 수 있었다. 이것은 청교도 신학이 미국과 영국 그리고 인도에서 부흥을 가져다 준 것과 똑같은 것이었다. 그리고 미국, 영국 교회가 부흥의 효과로 선교를 감당했던 것처럼 한국 장로교회도 부흥을 체험한 후 선교사를 파송하는 교회가 된다.

따라서 초기 한국 장로교의 신학적 전통은 청교도 신학과 청교도 회심 신학을 근거로 한 부흥 신학이었으며 이로 인해 선교와 전도에 힘쓰고 경건이 있는 교회가 되었다.

미 장로교와 청교도 신학
제2장

서론

한국 장로교회에 청교도 신학이 유입된 경로를 추적하기 위해서는 초기 한국 장로교를 형성했던 선교사들의 신학으로 거슬러 올라갈 수밖에 없다. 그 이유는 그들의 사역으로부터 교회의 신학과 목회가 형성되었기 때문이다. 초기 한국 장로교회를 형성했던 해외 선교부는 미국의 북 장로교, 남 장로교, 캐나다 장로교, 호주 장로교인데 이중 선교사의 규모나 활동 범위를 볼 때 미국 북 장로교가 월등하므로 그들의 신학의 역사를 살펴보아야 할 것이다.[45]

미국 북 장로교의 청교도 신학이 한국에 이르기까지 견지되어

---

45. 1861년 남쪽의 장로 교회들이 장로 교인인 남군의 장군 Robert E. Lee와 새로 조직된 남쪽 정부를 지지함에 따라 남 장로교로 분리되어 나간다. 이로 인해 남쪽에서는 구학파와 신학파가 재결합하게 된다.

오는 것은 교단 역사 속에서 뚜렷한 사건들이 있었기 때문이다. 그것은 미 장로교의 형성 당시 교회의 환경이 그러했고 경건한 장로교 목회자들이 청교도 신학과 신앙의 회복을 위해 힘썼을 때 영적 대각성과 부흥을 경험하여 청교도 신학은 더더욱 교회에 영적 자원을 제공하게 되었다. 따라서 본 장에서는 이러한 역사를 추적하기로 한다.

1. 미 장로교의 형성

미국 장로교는 1706년 맥캐미(Makemie) 목사의 지도력 아래 6명의 장로교 목사에 의해 노회로 형성되었다. 이들 중 3명은 뉴잉글랜드에서 온 청교도들이었으며[46] 스코치 아이리쉬에서

---

46. 청교도들의 신대륙 이주는 1620년부터 시작되었다. 처음에 아메리카 대륙에 이주한 청교도들은 분리주의자들로서 이들은 핍박을 피해 잉글랜드에서 화란으로 갔다가(1608년) 라이덴(Leyden)에서 어려움을 겪자 12년 만에 그곳 생활을 청산하고 잉글랜드를 거쳐(1620년 9월) 메이플라워호를 타고 대서양을 건너 1620년 12월 26일 플리머스에 정착한다. 그리고 보다 적극적인 아메리카 대륙으로의 청교도들의 이주는 1628년부터 시작되어 1635년까지 계속되었다. 이들이 잉글랜드를 포기한 이유는 찰스 1세가 1629년 3월 의회를 해산함으로 교회를 개혁하려는 청교도들의 희망이 결정적으로 타격을 입었기 때문이었으며, 알미니안주의자로서 주교였던 윌리엄 라우드(William Laud)의 본격적인 청교도들에 대한 핍박 때문이었다. 1645년까지 약 40,000명의 인구가 뉴잉글랜드로 유입되었다. 그리고 크롬웰과 의회가 승리하여 영국 청교도들에게 교회의 정화와 나라의 개혁에 새로운 소망을 줄 때까지 청교도들의 뉴잉글랜드로의 이주는 계속되었다. 뉴잉글랜드로 이주해 온 청교도들의 최고의 우선순위는 그리스도의 교회를 세우는 일이었다.

온 사람이 2명, 아일랜드에서 온 사람이 1명, 스코틀랜드에서 온 사람이 1명이었다. 이렇게 조직된 장로교회는 중부지방이 그들의 사역지였는데 이미 기존에 있는 청교도들의 장로교회[47]가 노회에 계속 가입하고 개척지가 확장됨에 따라 그리고 새로운 교회의 설립으로 장로교회는 성장하였다. 따라서 미국 장로교는 처음부터 청교도 신학에 그 근거를 두고 출발하였다.[48]

2. 제1차 영적 대각성

그러나 1730년 이후 청교도 신학이 도전을 받게 되고 교회는 자꾸 쇠락해졌다. 이때 경건한 목회자와 신학자들은 청교도 신앙으로 돌아갈 것을 호소하였다. 그 당시 사회는 경건의 몰락으로 부도덕이 만연하고[49] 교회에서는 배교, 안식일(주일)을 무시하고, 성경을 읽는 것과 기도와 가정예배를 멸시하게 되었으며,

---

47. 뉴잉글랜드에서 중부 지방으로 이주해 온(약 30-40년에 걸쳐) 청교도들인데 이들은 거의 장로교도들이었다.

48. Leonard J. Trinterud, *The Forming of an American Tradition: An Reexamination of Colonial Presbyterianies*(The Westminster Press, 1949), pp. 29-33; Charles Hodge, *The Constitutional History of the Presbyterian Church in the U.S.A.* Vol. 1.(Presbyterian Board of Publication, 1839), pp. 62-66.

49. 부의 독점과 불균형, 빚을 갚지 못하는 악순환이 만연하였고, 사기, 부정직, 탐욕이 널리 퍼졌다. Alan Heimert의 *Religion and American Mind from the Great Awakening to the Revolution*(Harvard University Press, 1968) 참조.

교회 안에는 위선자들이 넘쳤다. 이러한 영적 쇄락에 대해 경건한 목회자들은 위기의식을 가지게 되었다.[50] 따라서 장로교회의 부흥을 이끌었던 길버트 테넌트는 1735년에 "엄중 경고"(Solemn Warning)라는 설교를 통해서 그 당시 교회의 영적 상태를 꾸짖었다. 그는 술 취하는 것, 거짓 맹세, 간음, 안식일을 범하는 것[51], 탐욕, 형식주의 등은 죄에 해당한다고 말했다. 또한 설교의 결론에서 이러한 죄를 범하는 자들은 그리스도가 없는 상태요, 죄에 대해 질책과 책망을 아직 받지 않은 자이며, 육적인 것에 자신을 맡기는 자들로서 죽음과 지옥의 잠에 취해 있으므로 깨어 일어나야 한다고 했다.[52]

그 당시 신학적으로 칼빈주의 사상에 근거를 둔 청교도주의를 반대하는 자유주의자들과 알미니안주의자들이 활동함으로써 교

---

50. Samuel Willard, The Peril of the times displayed or the Danger of mes taking up with form of godliness, but dying the power of it(1700) edited by Richard Bushmen, *The Great Awakening*(The University of North Carolina, 1969), pp. 5–10.

51. 주일성수를 어떻게 지키는가의 여부로 교회의 영적 상태를 점검하였다. 이것은 청교도 신학이 형성될 때의 신학적 기반이었다. John Primus의 *Holy Time*(Mercer University, 1989)과 원종천 교수의 청교도 언약사상(대한기독교서회, 1998) 참조. 청교도들이 신대륙에 이르렀을 때 주일 성수는 하나님과 백성 사이의 언약의 증표로 보았고 이것을 잘 지키는 것은 하나님의 영광을 그 땅에서 드러낼 수 있는 선교적 수단으로 보았다. Winton Solberg의 *Redeem the Time: The Puritan Sabbath in Early America*(Harvard University Press, 1977) 참조.

52. Gilbert Tennent, Solemn Warning to the secure world from the God of Terrible Majesty(1735) in by Richard Bushmen, *The Great Awakening*(The University of North Carolina, 1969), pp. 16–18(Gilbert Tennent, 1735).

회가 더욱 영적으로 느슨하게 되었는데 이들은 르무엘 브라이언트(Lemuel Briant), 에벤에젤 게이(Ebenezer Gay), 조나단 메이휴(Jonathan Mayhew), 찰스 촌시(Charles Chauncy)[53]였다.[54]

따라서 경건한 목회자들은 이러한 영적으로 죽어가는 상태가 구원에 대한 잘못된 자기 확신과 무지로부터 오는 것을 알았다.[55] 또한 이러한 죄인들을 깨우치는 것은 오로지 심령의 변화와 성령의 역사로 말미암은 회심밖에 없음을 파악하고 있었다. 그래서 그들은 17세기에 영국과 뉴잉글랜드에서 강조된 청교도 신학 중에서 청교도 회심 신학을 회복하려는 운동을 일으키기 시작하였다. 이것은 그 신학적 성격상 그것을 가르치기 위한 복음적 열성으로 인해 순회 전도적인 모습으로 나타났다.[56] 이렇게 청교도 신앙과 청교도 회심 신학을 회복하려는 가운데 부흥이 일어나게 되었다.

---

53. 그는 알미니안주의자로서 결국 제1차 영적 대각성이 고조에 달할 때 부흥을 반대하면서 조나단 에드워즈를 공격하게 된다.

54. James Jones, The shattered Synthesis: New England Puritanism before the Great Awakening(Yale University, 1973).

55. 이 두 단어는 청교도들에게 중요한 단어로서 육적인 근거로 혹은 가짜 회심의 경험으로 자기가 구원받았다고 착각하는 것과 자신들의 비참한 영적 상황을 모르는 채 있는 상태를 말한다. 이에 대한 신학적 작품으로는 Joseph Alleine의 *Alarm to the Unconverted*, Matthew Mead의 *Almost Christian*, 그리고 뉴잉글랜드 청교도인 Thomas Shepard의 *The Sincere Convert & the Sound Believer*가 있다. 이들 작품들은 제1차 영적 대각성 때 다시 재판될 뿐 아니라 장로교의 중요도서 목록으로 1838년 구학파의 추천도서로 지정된다.

56. Norman Kansfield, *The ghost of revivals pas Reformed Revival*(1983) 37:25-37.

장로교회를 중심으로 일어난 제1차 영적 대각성은 중부지방(뉴욕, 뉴저지, 펜실베이니아 동부)에서 일어나는데,[57] 그 신학적 성질상 똑같기 때문에 그 당시 회중교회 목사였던 조나단 웨드워즈는 장로교의 부흥에 결정적 영향을 미쳤고 장로교 목사인 길버트 테넌트는 보스턴과 매사추세츠 지방에 4개월간 순회전도를 하기도 했다. 제1차 영적 대각성이 최고조에 달했을 때 이들은 하나가 되었고 대각성이 끝난 후 조나단 에드워즈는 장로교 신파가 세운 뉴저지 대학의 세 번째 학장으로 취임했다.

처음에는 통나무 대학 출신 전도자들(대부분 뉴브런스윅 노회 회원들)의 사역 가운데서 일어났다. 1730년 뉴저지 프리홀드(Freehold)에서 부흥이 일어나면서 제1차 영적 대각성이 시작되었다. 그리고 1734에서 1735년에는 뉴저지 뉴어크(Newark)에서 부흥이 일어났으며, 1739년에는 로우랜드(Rowland) 목사의 인도 아래 호프웰(Hopewell)에서 부흥이 일어났다. 1739년에는 뉴욕 노회의 아론 바(Aaron Burr) 목사와 장로교 신학자 조나단 디킨슨(Jonathan Dickinson) 목사의 사역 가운데 뉴저지의 뉴어크과 엘리자베스타운(Elizabethtown)에서 부흥이 일어나고, 1740년 펜실베이니아의 뉴런던데리(New

---

57. 보스턴과 매사추세츠를 중심으로 한 동북부 지방은 회중교회를 중심으로 해서 제1차 영적 대각성이 일어난다.

Lodonderry)에서 부흥이 일어났다.

　1739년 11월 영국에서 조지 횟필드가 방문하여 장로교 목사 길버트 테넌트와 함께 뉴저지와 뉴욕 지방을 순회 전도함으로써 부흥의 불길이 보다 세차게 번져 나갔고 1740년 이후에는 뉴 브런스윅 노회와 뉴욕 노회가 연합하여 부흥에 더욱 힘쓰자 미 중부지방에서의 부흥은 1745년까지 최고조에 달하고 1747년 버지니아 지방까지 그 불길이 번지게 되었다.[58]

　제1차 영적 대각성은 장로교에 있어 부흥과 교회의 굳건한 영적 자원의 역할을 했는데, 그 신학적 이유와 원리는 다음과 같다. 즉 제1차 영적 대각성은 청교도 신앙과 청교도의 회심 신학의 회복 운동 가운데서 일어난 것이기 때문에 영적 대각성의 준비와 주된 가르침은 구원론에 치중되어 있었다.[59] 그것의 외적 증거로서는 제1차 영적 대각성이 아직 준비 단계에 있을 때 먼저 청교도들의 작품을 재출판하는 붐이 일어났는데 대부분 청교도들의 회심 과정에 대한 내용들이었다. 그것들은 조셉 알레인의 회심치 못한 자들에 대한 경고, 리처드 백스터의 회심치 못한 자들을 향한 부르심, 그리고 토머스 쉐퍼드(Thomas

---

　58. 이러한 부흥들의 자세한 기록들은 John Gillies의 *Historical Collections of accounts of Revival*(1745) reprint by The Banner of Truth Trust(1981)를 보라.
　59. 청교도 운동은 구원론의 재조명을 통하여 교회 개혁을 이루고자 하는 교회론이다. Stephen Brachlow의 *The Communion of Saints*(Oxford University, 1988) 참조.

Shepard)의 진정 회심한 자와 신실한 성도(*The Sincere Convert & the Sound Believer*)와 열처녀 비유(*The Parable of Ten Virgins*) 등이다.[60]

장로교의 제1차 영적 대각성은 철저히 청교도 신학에 배경을 가진 두 그룹의 인도 아래 일어났는데, 통나무 대학을 세우고 일꾼들을 배출한 테넌트 일가와 그 대학 출신자들이 한 그룹이고[61], 나머지 한 그룹은 뉴잉글랜드의 청교도 신학의 후손인 조나단 디킨슨과 그가 속한 뉴욕 노회의 목회자들이었다.

테넌트 그룹은 제1차 영적 대각성이 일어나기 전부터 청교도의 회심 신학에 근거해서 매우 무거운 신학적인 설교를 하였다. 그들의 설교 제목과 주제는 "율법의 두려움", "죄의 질책과 낮추심", "회심", "거듭남", "칭의", "회개"와 "새로 태어남"이었다. 이들이 설교 가운데 추구했던 것은 "생동감 넘치는 신앙"과 "경건"

---

60. Charles E. Hambrick-Stowe, *The Spirit of the Old Writers: The Great Awakening and the Persistence of Puritan Piety in Puritanism* (Northeastern University, 1993), pp. 277-291.

61. 뉴브런스윅 노회이다. 그들은 보통 사설학원 출신 정도들로 구파에 의해 매도되었고 그 이후 많은 사람들이 그것을 받아들임으로 매우 곡해되어 있는데 사실 그렇지 않다. 예를 들어 길버트 테넌트는 아버지가 세운 통나무 대학 출신이지만 그 신학의 깊이를 인정 받아 예일 대학에서 문학석사학위를 수여받을 정도였다. 그리고 프린스턴 신학교 초대교장이었던 아키발드 알렉산더는 이들의 사역과 하나님이 주시는 진정한 부흥이 무엇인가를 설명하기 위해 통나무 대학과 졸업생들에 대한 책(*Biographical Sketches of the Founder and Principal Alumni of the Log College*, 1851)과 설교들(*Sermons of the Log College*, 1855)을 편집해서 출판했다.

이었다. 그래서 설교 속에서 새로운 삶의 필요성, 성령으로 말미암은 죄의 질책의 필요성, 구원의 은혜의 갈망과 그리스도에 대한 믿음, 회심 후의 그리스도와의 연합, 하나님을 기쁘시게 하는 봉사가 강조되었다(Blair, 1744). 특히 청교도의 회심 신학의 백미라 할 수 있는 회심의 과정 속에서의 율법의 기능에 대한 강해가 주된 가르침의 하나였다.[62] 존 테넌트는 이에 대해 다음과 같이 설교했다.

> 율법이 역사하는 것은 다음과 같이 감지할 수 있다. 1. 주께서 성령과 율법을 수단으로 해서 죄인으로 하여금 죄를 발견하게 하고… 2. 죄인으로 하여금 그 죄 때문에 두려워하게 한다.[63] 3. 죄에 대해 가슴치며 괴로워한다…4. 구원을 위해 어떻게 해야 하느냐고 외친다(행 2:37).[64]

---

62. 이 주제에 대한 최근의 연구서로서 런던 바이블 칼리지 학장이었던 어니스트 케반(Earnest F. Kevan)의 *The Grace of Law : A Study in Puritan Theology*(Baker, 1976)를 보라.

63. 청교도 신학과 대륙의 경건주의와 유사한 점이 있지만, 분명 다르다. 특히 다른 점은 청교도 신학이 매우 교리적이며, Bondage of Spirit은 로마서 8:15의 해석으로 청교도 신학에서만 발견될 수 있는 것이다(참조, Sinclair B. Ferguson, *John Owen on the Christian Life*, pp. 48-54). 예를 들어 코알터(Coalter)는 길버트 테넌트가 유럽의 경건주의에 영향을 받은 프레링후센(Frelinghusen)으로부터 영향을 받았기 때문에 경건주의의 3단계 회심 신학을 따랐다고 주장하는데, 이는 잘못된 것이다. 왜냐하면 1730-1731년의 프리홀드 부흥에 있어 존 테넌트는 Bondage of Spirit을 설교했고, 청교도 주석인 매튜 풀(Matthew Pool)의 말을 언급했다. 또 최근의 연구로, 프린스턴 신학교의 휴즈 올드(Hughes Old)는 테넌트의 설교를 정밀히 조사한 후 말하기를 그의 설교는 청교도 신학자인 토머스 왓슨, 스테판 차녹, 사무엘 윌라드, 존 플라블, 리처드 시브즈, 매튜 헨리, 토머스 쉐퍼드와 존 코튼의 내용과 패턴을 따른다고 했다(Old, 1989).

테넌트 그룹에서 리더 역할을 했던 길버트 테넌트는 부흥의 여명기에 청교도 회심 신학에 대한 강해를 책으로 펴냈다. 그 책은 '칭의의 성질'(The Nature of Justification Opened), '율법과 믿음'(The Law Established by Faith), '구원을 이루라'(Work Out Your Salvation)의 3부로 구성되어 있는데, 경건치 못한 자를 향한 하나님의 부르심과 그 책임들, 그리고 율법이 거듭나지 못한 자에게 일하는 기능과, 구원에 대한 책임으로 반드시 열매가 있어야 하는 것들에 대한 강해들이다.[65] 이것들은 모두 청교도 신학의 핵심 중에 핵심을 다룬 것이다.

특히 길버트 테넌트는 로마서 8:15의 "종의 영"(Bondage of Spirit)을 다룬다. 이는 구원받지 못한 영혼에게 율법이 성령의 역사로 죄의 질책을 이루어서 회심시킨다는 청교도 신학의 중요한 논제이다. 이렇게 신학적으로 설교를 한 후 적용 부분에서는 그리스도를 모시지 않은 비참한 삶과 영원한 정죄를 말하고 있다.

장로교에서 부흥을 이끈 또 하나의 그룹은 조나단 디킨슨과 그가 속한 뉴욕 노회의 목회자들인데 1739년부터 아론 바 목사의 인도로 뉴저지 엘리자베스타운에서 부흥이 일어났다. 장로교

---

64. Archibald Alexander, *Log College*(1855), pp. 273-275.
65. Gilbert Tennent, *The Nature of Justification Opened*(Philadelphia, 1745).

신학자 조나단 디킨슨은 1739년 12월에 "수고하고 무거운 짐 진 자들아 예수께로 오라"라는 설교로 영적 대각성에 본격적으로 참여하게 되는데 이 설교는 청교도의 회심 신학에 근거한 설교였다.[66] 영적 대각성 가운데 그의 주된 설교 주제는 "선택", "원죄", "회심", "칭의", "성도의 견인"이었다.[67] 특별히 부흥에 대해 변호하면서 청교도의 "마음 종교"(Heart Religion)[68]의 중요성과 회심 신학을 강조했다. 그는 "중생"이란 제목으로 설교하면서 좁은 문으로 들어가는 것은 죄에 대한 질책을 받아 깨어진 자들이 그곳으로 들어가려고 애쓰는 것을 전제하는 것이라고 말했다. 또한 성령께서 죄를 질책하고 새롭게 하심으로써 죄인들이 예수께로 달려가는 것이라고 하면서 살아 있는 종교의 체험을 강조하였다.[69]

조나단 디킨슨은 성령에 의한 회심의 과정을 책으로 펴냈는

---

66. Bryan F. Le Beau, *Jonathan Dickinson and the Formative Years of American Presbyterianis*(The University Press of Kentucky, 1997), pp. 104-123.

67. 북동부에서의 영적 대각성의 지도자인 조나단 에드워즈의 설교도 마찬가지이다. 알렌 하이머트(Alan Heimert), 페리 밀러(Perry Miller)가 편집한 *The Great Awakening* (Bobbs-Merrill Education Publishion, 1967) 참조.

68. 이것은 성령에 의한 거듭남의 체험과 은혜 안에서 점진적으로 자라나는 것을 지칭하는 17세기의 뉴잉글랜드 청교도들의 언어이다(Hambrick-Stowe, 1982, p. 23).

69. 이 주제의 설교는 청교도에게는 물론이거니와 영적 대각성에 있어서 중요한 것인데 통나무 대학 출신이며 윌리엄 테넌트의 아들인 윌리엄 테넌트 주니어(William Tennent, Jr) 역시 누가복음 13:24을 가지고 Gos Sovereignty No Objection to the Sinnes Striving이란 제목으로 설교하였다.

데, 그것을 요약하면 다음과 같다. (1) 성령에 의해 죄인들이 자신의 비참하고 정죄된 상태를 깨닫게 된다. (2) 자신이 죄인임을 깨달은 영혼은 자기 자신을 스스로 구원할 수 없음을 철저히 깨닫는다. (3) 죄의 질책을 받은 영혼은 그리스도 안에 있는 구원을 찾게 된다. (4) 성령의 역사로 질책을 받은 죄인은 그리스도께서 충분히 구원하실 수 있음을 깨닫고 예수를 신뢰하며 의지한다. (5) 믿음으로 신자된 그는 계속 그리스도에게 붙어 있는다.[70]

이렇게 청교도 신학을 강조하면서 부흥을 변호하는 조나단 디킨슨은 부흥을 반대하며 청교도의 회심 신학을 받아들이지 않는 자들을 향해 다음과 같은 글을 썼다.[71]

> 자기 자신에 대해서 충분하다고 말하거나 혹은 본성으로 잃어버린 상태나 죽은 상태, 망해 가는 상태에 대해 심각하게 이야기하지 않는 설교자나 책은 경계해야 한다…경험적 종교(Experimental Religion)[72]를 반대하거나 조소하는 자들에 대해서도 경계해야 한다.

---

70. Jonathan Dickinson, *The True Scripture Doctrine*(Presbyterian Board of Publication, nd), pp. 137-178.

71. 길버트 테넌트도 그들을 향해 "거듭나지 못한 목회자들의 위험"(1740)이란 제목으로 설교하였다. 이 설교로 인해 부흥을 지지하는 파와 반대하는 파가 더욱 분명히 갈라져 결국 장로교회가 신파와 구파로 나눠진다(1741).

72. 진정한 심령의 변화 없이 종교적 형식을 이행함으로써 자신이 구원의 상태라고 착각하고 있는 것에 반대하고 진정한 회심에 초점을 둔 청교도 신학을 이렇게 부르기도 한다.

조나단 디킨슨은 예수를 믿는다는 사람들이 형식주의자로 전락하는 원인에 대해 말하면서 일시적 흥분이나 확신 또는 체험으로는 외식이나 불신앙으로 빠질 수밖에 없다고 말했다. 그런 믿음에는 회심의 열매인 경건을 찾아볼 수 없으며 청교도의 "마음 종교"만이 교회의 경건을 회복할 수 있는 수단이라고 보았다.[73]

지금까지 제1차 영적 대각성 때의 전도자들이 외친 메시지를 보면서 그들이 얼마나 청교도 신학에 철저했는지를 알 수 있었다. 그런데 이것은 한편으로는 장로교의 분리를 가져다 주었다. 즉 부흥의 불길이 점점 달아 오르면서 부흥과 청교도 신학에 반대하는 장로교 목사들이 테넌트 일가와 통나무 대학 출신 전도자, 조나단 디킨슨과 뉴욕 노회 회원들을 자신들로부터 배제하였다. 그래서 결국 장로교는 신파와 구파로 나눠졌다. 부흥을 지지하는 신파는 뉴브런스윅 노회와 뉴욕 노회이며, 부흥을 반대하는 구파는 필라델피아 노회였다.[74]

신파와 구파로 나눠질 때 구파는 특히 신파의 청교도 회심 신학을 문제시하였다. 즉 구파는 성령이 일하시는 것을 인식할 수

---

73. Jonathan Dickinson, *Familiar letter to a Gentleman*(Philadelphia, 1745), ii–iii.
74. 회중교회도 부흥을 지지하는 New Light와 반대하는 Old Light로 나눠진다. C. C. Goen의 *Revivalism and Separatism in New England 1740–1800*(Yale University Press, 1962) 참조.

없다고 주장하면서[75] 신파의 "율법의 두려움" 그리고 "회심과 은혜 없는 상태의 분별"에 대해서 비난하였다. 이것은 1741년 대회에서 구파가 7항목의 이유를 들어 신파에 대해 반대했는데 여섯 번째 조항이 바로 부흥 신학의 근거를 마련했던 청교도 회심 신학이었다.[76] 미국의 역사학자 알렌 하이머트는 이러한 장로교 분리에 대해 신학적 평가를 하면서 구파가 칼빈주의 신학에서 떠나갔음을 다음과 같이 지적했다.

> 그들은 구원의 지식에 대해 말할 때 선언된 진리에 대해서 이성적 동의를 얻어내는 제의로 정의하는데, 이것은 구원의 지식이란 초자연적이며 신적인 것으로 마음에 부여되는 것이라 말하는 칼빈주의와 거리가 멀다.[77]

장로교와 청교도 역사학자인 레오나드 트린터루드(Leonard Trinterud)는 신파의 신학에 대해 평하기를 "오래된 장로교 신학이 미국 식민지에 심겨져서 새로운 미국 장로교의 질서가 서

---

75. 이러한 구파의 신학은 1837년 구학파와 신학파로 갈라질 때 신학파의 신학이 구파의 신학을 따른다. 특히 신학파의 찰스 피니가 성령의 역사를 인식할 수 없다고 주장한다. 이는 테일러와 비처의 Voluntarism을 따른 결과이다. James Hoopes, *Consciousness in New England*(Johns Hopkins University, 1989) 참조.

76. *Minutes of the Presbyterian Church in America 1706-1788*(1904년 판), pp. 157-160.

77. Allan Heimert, *Religion and the American Mind from the Great Awakening to the Revolution*(Harvard University, 1968), p. 4.

게 되었다"[78]라고 했다.[79] 신파의 교리는 청교도들의 "비저블 세인츠"(Visible Saints, 눈에 똑똑하게 드러나는 성도)를 다시 추구하는 것으로, 진정한 회개와 이후 하나님의 거저 주시는 은혜에 진정으로 응답하여 하나님과 동행하는 삶이 분명히 있는지를 확인하는 것에 강조를 두었다. 따라서 신파는 그 교리가 구파보다 훨씬 복음적이다. 왜냐하면 영적으로 눈뜨지 못해서 아무 것도 모르는 영혼에게 복음을 전하여 그 무지를 벗고 생명을 체험케 하려는 전도적 열망이 있었기 때문이다. 그래서 신파는 영적 대각성 중에 데이빗 브레이너드(David Brainerd)와 아자리아 호튼(Azariah Horton)과 같은 선교사를 아메리칸 인디언에게 파송하여 그들에게 복음을 전하고 인디언들도 부흥을 경험케 한다. 그뿐 아니라 신파는 프린스턴 대학의 전신인 뉴저지 대학을 세워(1747) 부흥의 일꾼을 계속 배출하고,[80] 1755년에는 순수한 선교 목적으로 하노버(Hanover) 노회를 설립하여 지금의 버지니아 지방에 해당하는 동남부 지방을 복음화하려 했다.

---

78. 청교도의 회심 신학의 배경은 인간의 전적 부패가 매우 강조된 것으로 단지 지적 변화로는 부족하고 부패된 인간의 의지와 마음이 반드시 변화되어야 한다는 것이다.

79. 전같서, p.122.

80. 뉴저지 대학에서 학장 존 위더스푼의 영향을 받아 미국의 독립전쟁과 새로운 국가를 조직하는 지도자들이 배출된다. 존 위더스푼은 스코틀랜드 청교도 신학자로서 웨스트민스터 신앙고백서 작성에 참여한 사무엘 러더포드의 영향을 직접 받은 자로서 신파에 의해 구파와 재결합할 때 세움을 받았다. Martha Lou Lemmon Stohlman, *John Witherspoon*(Westminster Press, 1976) 참조.

이처럼 미 장로교는 교회의 개혁과 경건을 회복하기 위해 청교도 신학을 수단으로 하여 제1차 영적 대각성을 경험하였다. 또한 제1차 영적 대각성은 미 장로교로 하여금 1세기 전 그들의 선조인 청교도들이 가지고 들어왔던 신학을 온전히 회복하게 하였고, 그들이 선교적 힘을 얻어 인디언 선교 및 국내 선교를 감당하게 하였다.[81] 그리고 청교도 신학은 미 장로교의 신학적 기조로서의 역할을 계속 감당하였고, 사회적으로는 독립 운동의 사상적 지주 역할을 했으며[82] 교단적으로는 1789년 5월 총회를 구성하게 되었다.

3. 제2차 영적 대각성

제1차 영적 대각성이 미 장로교회에 청교도 신학의 회복을 가져다주고 그 영적 자원을 공급한 것과 같이 제2차 영적 대각성은 청교도 신학이 교단 신학으로 확고한 자리 매김을 하도록 한 것과 동시에 해외 선교의 문을 열게 했다. 여기에서는 이러한 과

---

81. 제1차 영적 대각성은 식민지인 그들이 영국으로부터 독립할 수 있는 사회적 자원도 마련하였다. 독립 전쟁 당시 그 사상적 지주 역할을 했던 신학자는 신파의 지원을 받던 존 위더스푼이었다.
82. 독립선언은 1775년 5월 31일에 작성되었고 전쟁에서의 실제적 승리를 거둔 것은 1781년 10월 19일이었다.

정을 다루어 보고자 한다.

미 장로교회는 총회를 조직한 후 9년 뒤인 1798년에 교회의 영적 하락 현상과 사회의 도덕 부재 현상에 대해서 각 교회에 목회 서신을 보냈다. 그 편지에는 다음과 같은 내용이 들어 있었다.

> 시민들 사이에서 종교의 원리와 실천이 무시되고 있으며, 불경건이 만연하고 종교의 법들을 무시하는 신실치 못한 많은 일들이 일어나고 있다. 이는 무신론 그 자체로서 이것을 보는 우리는 고통과 두려움을 느낀다.[83]

이 목회 서신은 계속해서 목회자로 하여금 부흥과 성령의 쏟아 부어 주심을 위해 기도하라고 권면하였다. 그 당시 미국의 남쪽과 서부 지역은 특히 영적으로 심각한 상태에 있었다. 예를 들어 사우스캐롤라이나 지역의 경우 사냥과 모든 각종 오락이 안식일(주일)에 행해졌고, 켄터키 지방의 경우 서부 개척 지역이었으므로 이런 현상이 더욱 심각했다. 그래서 장로교 총회는 이러한 경건치 못한 상태를 염려하면서 목회 서신을 보냈고 부흥을 위해 기도하라고 한 것이었다.

---

83. William Speer, *The Great Revival of 1800* (Presbyterian Board of Publication, 1872), p. 13.

이러한 영적 상황 속에서 장로교 목회자 제임스 맥그리디 (James McGready)가 1796년 가을 켄터기 지방에 와서 사역을 시작했다. 그는 먼저 이 지방의 영적 상태를 조사했다. 그러고 나서 그들을 깨우치기 위한 사역을 시작했는데 그는 설교 가운데 거듭남, 믿음, 회개의 교리를 상당히 강조하였다. 맥그리디 목사는 조나단 에드워즈, 테넌트 일가, 그리고 통나무 대학 출신인 사무엘 블레어와 사무엘 데이비스의 모범을 그대로 따랐다. 그리고 그는 자신의 이러한 사역이 영적 각성을 위한 것이라는 점을 다음과 같이 설명했다.

> 개척지의 목회자들은 그리스도가 없는 상태의 죄인들을 경고하고 깨우고, 그들로 하여금 위험과 죄에 대한 자각이 되도록 가능한 모든 수단을 사용해야 한다. 목회자들은 반드시 죄인들로 그들의 회심하지 못한 상태의 무시무시함을 깨닫게 해주어야 하며 죄인들에게 가장 무서운 경우였던 시내산에서의 여호와의 천둥 번개 치는 진노의 소리를 들려 주어야 한다.[84]

맥그리디 목사는 테넌트 일가와 조나단 디킨슨, 그리고 조나단 에드워즈의[85] 신학적 근거였던 청교도의 회심 신학을 그의 목회에 그대로 적용하였다.[86] 이러한 그의 사역과 설교로 인해 그

---

84. John Opie, James McGread, *Church History*(1965), 34:45.

가 목회했던 지역의 사람들이 구원의 도와 체험에 대해서 맥그리디 목사에게 심각하게 문의하기 시작했다. 이러한 그들의 영적 갈구함을 본 맥그리디 목사는 한 걸음 더 나아가 회심의 과정에 설교의 초점을 맞추면서 통회 자복하는 과정과 영적으로 낮아지는 과정[87]에 대해서 설교했다. 결국 이러한 가르침 속에서 부흥이 일어나게 된다. 이것이 바로 1800년의 켄터키 부흥이다. 이 부흥의 불길은 미국의 남서부 지방으로 번져나가게 되고 1805년에는 전국적 현상으로 최고조에 다다르게 되며 1830년까지 그 영향력이 지속되었다.[88]

부흥의 불길이 북동 지방으로 번져 나가고 있을 때 장로교 총회는 "모든 북동 지방의 노회에 부흥이 일어났고, 이 부흥들 속에서 극소수를 제외하고는 성령의 역사가 보통의 방법으로 진행되고 있는데 죄인들은 성령의 미세한 음성에도 질책을 받고

---

85. 특별히 에드워즈의 부흥에 대한 3개의 작품이 그에게 영향을 미쳤다. *A Faithful Narrative of the Surprising Work of God*(1737), *The Distinguishing Marks of the Spirit of God*(1741), *Religious Affection*(1746). 이들 작품들은 특히 뉴잉글랜드 청교도 신학자 토머스 쉐퍼드에게 직접적으로 영향을 받은 것들이다.

86. 존 스콧 (John Scott)은 맥그리디의 부흥 신학의 배경을 연구한 후 그의 신학은 50년 전 통나무 대학의 신학임을 말하였다. John Scott, *James McGready: Son of Thunder, Father of the Great Revival Journal of Presbyterian History*(1994), 72:87-9.

87. 청교도의 회심 신학의 정수이다. Timothy Beougher의 논문 Conversion: The teaching and practice of the Puritan pastor Richard Baxter with regard to becoming a true Christian(Trinity Evangelical Divinity School, 1991) 참조.

88. 일반적으로 제2차 영적 대각성의 기간을 1790-1810년 전후로 본다. 그 이유는 부흥의 발생 지역이 광범위해서다.

회심하고 있다"고 보고하였다.[89] 이러한 부흥 속에서 장로교 목회자들은 부흥과 성령의 쏟아 부어 주심에 대해서 더욱 강조하고 회중으로 하여금 이 은혜의 계절에 더욱 기도하도록 하였다. 이같이 부흥을 위해 회중을 인도한 것은 이미 미 장로교회가 제1차 영적 대각성의 유산을 가지고 있었으며 이로 인해 부흥 가운데 교회가 무엇을 어떻게 해야 할지를 잘 알고 있었기 때문이다.

회중 교회에서(뉴잉글랜드 지방) 부흥을 인도하고 또 장로교회에 와서 1807년 뉴저지 주의 뉴어크 부흥을 인도했던 에드워드 그리핀(Edward Griffin)은 부흥을 위해 교회가 가르쳐야 할 중요한 교리를 말했는데, 이는 청교도의 회심 신학이었다. 즉 청교도 회심 신학이 제2차 영적 대각성 때에도 부흥 신학의 핵이 된 것이다. 에드워드 그리핀은 청교도의 회심 신학이 부흥 신학의 신학적 근거임을 다음과 같이 설명한다.

> 심령의 변화의 첫 단계는 죄에 대한 질책인데 자신이 하나님의 법을 어긴 것과 자신 속에 있는 죄성을 깨닫게 되며, 이로 인한 하나님의 심판이 자기 위에 있음을 알고 두려워하게 된다. 둘째 단계로서 깨어진 죄인은 하나님을 기쁘시게 하기 위해 선행을 하려고 애쓴다. 이것은 임시적으로 죄인의 마음을 안정시키지만 이것이 자신을 구원할 수 없음을 깨닫고 더욱 철저히 비참함을 느끼면서 낮

---

89. 1903년 총회록 (PCUSA), p. 273.

아진다. 셋째 단계로 철저히 낮아진 죄인은 어떻게 하면 구원을 얻을 수 있을까 하는 질문에 사로잡히게 된다. 넷째 단계로 하나님의 은혜인 복음이 깨달아지면서 바로 자신을 위해 십자가에 돌아가신 속죄의 은혜가 그에게 임한다. 그리고 성령은 그의 마음을 새롭게 한다. 이로 인해 그는 회심 후 죄를 미워하고 죄와 싸우며 거룩한 삶을 추구하는 경건의 삶을 추구하게 된다.[90]

에드워드 그리핀은 죄인들이 죄의 질책 속에서 육적인 마음의 부패성을 철저히 깨달아 낮아지고 깨어진 상태에서 복음으로 확신을 가지며 구원을 간절히 소망하고 거룩해지려고 애쓰는 동시에 하나님을 섬기며 그분께 영광을 돌리려는 것이 나타나야 된다고 말했다. 그는 이것이 회개의 증거요 죄로부터 실제적으로 돌아선 증거라고 가르치면서 이러한 회심이 크게 일어나는 것이 참된 부흥이라고 말했다.[91]

이와 같이 제2차 영적 대각성의 부흥 신학은 청교도의 회심 신학과 조나단 에드워즈의 부흥론이었으므로 장로교 목회자들은 체험적 믿음의 중요성에 대해 계속 강조해 왔다. 예를 들어 프린스턴 신학교 교수였던 사무엘 밀러는 목회자들에게 회중이

---

90. Edward D. Griffin, *Letter to the Rev. Ansel D. Eddy of Canandaigua, N.Y. on the narrative of the Late Revival of Religion in the Presbytery of Geneva*(1832), pp. 4-8.

91. William Sprague, *Sermons by the late Rev. Edward D. Griffin*(1839) reprint by the Banner of Truth Trust(1987), p. 397.

결코 마음의 종교에 대해서 잊어 버리지 않도록 해야 한다고 했다. 이것은 철저히 칼빈주의 신학, 즉 하나님의 주권과 인간의 전적 부패에 근거한 것이었다.[92] 제2차 영적 대각성 때 청교도의 회심 신학은 이렇게 중요한 기능을 하였다.

제2차 영적 대각성 때 이러한 회심의 과정을 다룬 청교도들의 작품이 평신도 사이에서 읽혀졌는데, 존 플라블의 은혜의 수단(*Method of Grace*) 같은 책들이다.[93] 프린스턴 신학교의 초대 교장인 아키발드 알렉산더도 제2차 영적 대각성 때 회심을 체험하는데 청교도들(존 플라블, 존 오웬, 조셉 알레인, 토머스 보스턴)의 작품과 청교도 회심 신학을 다룬 청교도들의 다음 세대(존 어스킨, 랄프 어스킨, 조나단 에드워즈, 필립 도드리지)의 작품들로부터 영향을 받았다.[94]

1815년 프린스턴 대학의 전신인 뉴저지 대학에서도 부흥의 불길이 일어났는데 이때도 학생들에게 존 오웬, 리처드 백스터의 작품들과 그 다음 세대인 필립 도드리지, 존 위더스푼, 존 뉴

---

92. Martha Blauvelt, *Society, Religion and Revivalism*(Princeton University, 1975), p. 135.

93. 이 책은 성령께서 그리스도를 각 사람의 심령에 어떻게 적용하는가에 대한 신학적 강해로서 율법과 하나님의 말씀으로 죄인이 죽을 지경까지 이르는 죄의 질책과, 예수 그리스도와의 연합의 증거와, 참 구원의 믿음에 대해 말한다.

94. 아키발드 알렉산더는 특히 존 플라블의 영향을 많이 받았다. Archibald Alexander, *Thoughts on Religious Experience*(1844)와 Andrew Hoffecker의 *Piety and the Princeton Theologian* 참조.

톤, 존 스콧의 작품들을 읽도록 교수들이 권면하였다.

결국 이러한 제2차 영적 대각성으로 인해 교회는 청교도 신학과 신앙이 다시 회복되었다. 1818년 장로교 총회는 교회에 목회 서신을 보내는데, 그 편지에서 청교도 신앙을 다시 확인하면서 경건치 못한 것들에 대해 교회가 계속 주의를 기울이고 싸울 것을 권면하였다. 즉 술 취하는 것과 도박, 쾌락적인 오락으로서의 춤추는 것과, 특히 안식일(주일)을 범하는 것에 대해 더욱 주의를 기울이되 주일날 세상적인 일로 바쁘다거나 세상적 이득을 얻기 위해 장사하는 자는 그리스도인의 성품에 어긋나는 것으로 간주하여 주의 성찬에 참여하지 못하도록 권면하였다.[95]

제2차 영적 대각성으로 인해 장로교회는 영적 유익을 누리게 되었지만 한편으로는 이러한 부흥 가운데 잘못된 부흥 신학이 출현하였다. 즉 찰스 피니가 1801년 카인 릿지(Cain Ridge) 지방에서부터 시작된 인간적 부흥 방법론을 도입해서 "새로운 측정법들"(New Measures)이란 방법론을 사용하기 시작한 것이다. 이것은 집회 때 공개적으로 사람의 이름을 부르며 기도하거나, 사람들을 고뇌의 좌석으로 나와 앉으라고 부르거나, 혹은 여자들로 회중 가운데서 기도하게 하고, 회중 속에서 일어서라고 하는 것 등이었다.[96] 이러한 그의 방법론은 사람들로 하여금 환

---

95. 1819년 총회록(PCUSA), p. 713.

상적 흥분을 일으키게 했고, 그것을 또 장려하였다. 이에 대해 아사헬 네틀톤(Asahel Nettleton)은 개인적으로 찰스 피니에게 그만두라고 권면하였지만 찰스 피니는 그 권면을 무시하고 1832년까지 이러한 방법으로 집회를 인도하고 다녔다.

찰스 피니의 부흥 방법론은 신학적으로 볼 때 뉴해븐 신학과 나다니엘 테일러의 신학에 물들어 있었기 때문에 인간의 전적 부패 교리를 부정했고, 인간의 의지로 거듭남의 가능성을 주장했다. 그래서 죄인들에게 지금 결정하라고 독려했다. 여기서 피니는 성령을 죄를 질책하는 존재가 아닌 설득하는 자로 이해함으로써 새로운 회심 신학과 그에 따른 부흥 방법론을 만들어 냈다. 이것은 잘못된 거짓 확신을 양산하고 참된 종교를 위협하는 것으로[97] 매우 위험한 것이었다.[98] 이 위험성을 인식한 장로교 신학자들은 그에게 경고하기 시작하였다. 프린스턴 신학교 3인방인 아키발드 알렉산더, 사무엘 밀러, 애쉬벨 그린은 일제히 찰스 피니의 방법론은 피상적인 회심을 양산해 내는 것으로 진정한

---

96. Bennet Tyler and Andrew Bonar, *The life and labours of Asahel Nettleton* (1854) reprint by the Banner of Truth Trust(1975), p. 34.

97. Blauvelt 전갈서, p. 128.

98. 찰스 피니 자신도 자신의 사역을 통해 진정 거듭나지 못한 자들이 많이 나오는 것에 대해 딜레마에 빠졌다. 그래서 미봉책으로 완전주의(Perfectionism)를 주장하였다. 그러나 결국 그는 자신의 사역 말년에 이것이 잘못된 것임을 시인하였다. John Opie, *Finnes Failure of Nerve: The untimely Demise of Evangelical Theology*, Journal of Presbyterian History(1973), 51: 16.

경건을 막는 것이라고 했다. 청교도 신학에 근거해서 부흥 신학을 이끈 에드워드 그리핀도 말하기를 찰스 피니의 방법론과 그의 부흥 신학은 하나님의 주권, 유효한 부르심, 성령에 의한 거듭남의 교리를 자신 스스로를 의지하는 확신으로 바꾸는 것이라고 하면서 이 방법론으로 인해 교회에서는 진정 거듭나지 않고 성화되지 못한 자들로 넘칠 것이라고 경고하였다.[99] 그러나 한편으로 장로교회 안에서 찰스 피니를 옹호하는 자들이 생겨나는데 알버트 반즈(Albert Barnes)[100]와 조지 듀필드(George Duffield), 라이만 비처(Lyman Beecher)가 대표적 신학자들이다.

결국 이들과의 상당한 교리 차이로 인해 1838년 장로교가 구학파와 신학파로 갈라지는데 찰스 피니를 중심으로 한 세미-펠라기우스주의자(Semi-Pelagianism)들이 신학파(New School)이며, 청교도 신학과 진정한 부흥을 계속 견지해 오며 찰스 피니에 반대했던 자들이 구학파(Old School)가 되었다.[101] 그

---

99. Edward Griffin 전갈서, p. 7.
100. 보통 반즈 주석의 저자로 알려져 있다. 1829년에 행한 설교 The Way of Salvation은 찰스 피니의 신학을 옹호한 것이다. 그는 원죄와 대속의 교리에 있어서 칼빈주의로부터 떠났다. 1835년의 그의 로마서 주석은 웨스트민스터 신앙고백서로부터 떠나 원죄, 칭의, 아담으로부터의 죄의 전가, 그리스도로부터의 의의 전가의 교리를 부정하였다. Earl A. Pope, Albert Barnes, *The Way of Salvation*, and *Theological Controvers, Journal of Presbyterian History*(1979), 57:20-34 참조.

리고 구학파는 해외 선교부를 설치하여[102] 선교사를 파송하지만 신학파는 1870년 재결합 때까지 자신들의 해외 선교부를 조직하지 못하고 단지 회중 교회의 선교부인 ABCFM(American Board of Commissioners for Foreign Missions)에 속해 있었다.

한편 구학파는 1838년 교단 출판부를 공인하여 구학파의 신학적 입장을 분명히 하기 위한 책들을 출판하면서 각 교회에 도서관을 설치하여 모든 회중들이 청교도의 책들을 읽을 수 있도록 하고 이웃이나 교회가 없는 지역의 사람들에게 보내 주게 했다. 특히 리처드 백스터의 회심치 못한 자들을 향한 부르심, 성도의 안식과 필립 도드리지의 영혼의 일어남과 회심 과정, 조셉 알레인의 회심치 못한 자들에 대한 경고, 매튜 미드의 유사 그리스도인을 추천했는데 이 책들은 청교도의 회심 신학을 다룬 책들로 매우 전도적인 것들이었다.[103]

이로써 미 장로교의 청교도 신학은 제2차 영적 대각성으로 인해 더욱 굳건한 교단 신학이 됐을 뿐 아니라 참된 부흥을 가늠하는 신학적 잣대의 기능을 하게 되었다. 또한 청교도의 전도 신학은 선교의 수단이 되었으며, 구학파가 칼빈주의를 계속 지지하

---

101. Lewis Cheeseman의 *Differences between Old and New School Presbyterian* (Erastus Darrow, 1848)과 James Wood의 *Old and New Theology*(1845) 참조.
102. William Speer에 의하면 구학파의 해외 선교부는 부흥의 열망으로 가득 차 있었다고 한다.
103. Plan for Circulating the Books of the Presbyterian Board of Publication n.d. p.2.

고 독자적으로 해외 선교를 감당함에 따라서 그 영향력이 한국의 초기 장로교회에까지 이르게 되었다.

4. 1857-1858 년의 대부흥[104]

제2차 영적 대각성 이후 미 장로교는 또 하나의 대부흥을 경험하였다. 이 부흥은 구학파로 하여금 청교도 신학이 참된 부흥을 가져다 주는 것임을 확인시키고 더욱 청교도 신학과 부흥 신학을 동시에 견지하게 하였다. 1857-1858년에 일어난 대부흥은 다음과 같은 과정 속에서 일어났다.

1850년대에 들어서면서 영적으로 깨어 있는 목회자와 신학자들이 교회와 사회에 대해 우려의 목소리를 내기 시작하였다. 프린스턴 대학의 교수였던 제임스 알렉산더는[105] 그 당시의 불신앙을 지적했는데, 성경을 부인하고 인간의 이성을 유일한 진리의 근원으로 보는 이성주의와 돈을 최고로 여기는 배금주의 사상, 그에 따른 무신론자들의 득세를 우려하고 있었다. 그래서 그는 이러한 불신앙이 교회가 부흥을 체험함으로써 고쳐질 수 있다고 믿었으며 부흥을 위해 교회가 기도하는 것은 의무라고 말했

---

104. 이는 때로 제3차 영적 대각성이라 불리우기도 한다.
105. 그는 또한 뉴욕의 9번가 장로교회의 담임목사이기도 했다.

다.[106] 즉 부흥이 교회와 사회에 일어나면 이러한 불신앙을 말끔히 물리칠 수 있으며 수많은 영혼의 회심이 교회와 사회에 경건을 가져다 준다는 것이었다. 특히 제1차 영적 대각성의 경우를 예로 들면서[107] 부흥을 통해 교회가 그들의 조상의 믿음을 회복할 수 있다고 말했다.

이러한 부흥의 필요성을 누구보다도 절감했던 제임스 알렉산더와 구학파의 목회자들은[108] 1857년 12월 1일 피츠버그에서 부흥을 위한 목회자 회의를 열었다. 또한 제임스 알렉산더 밑에서 9년간 훈련을 받은 제레마이어 램피어(Jeremiah Lamphier)가 1857년 7월에 뉴욕시의 노스더취(North Dutch) 교회의 선교사가 되어 정오 기도 모임을 시작하였다. 처음에는 1명의 목회자만 참석했지만 점점 숫자가 늘어나 수백 명에 이르게 되었다. 그리고 이 기도 모임은 곧 뉴욕 시내의 목회자와 교회들에게 감동을 주었다. 그 해 10월의 한 기도 모임에 대해서 이렇게 기록하고 있다.

---

106. Jame Alexander, *Discourses on Common Topics of Christian Faith and Practice* (Charles Scribner, 1859), pp. 13-47.

107. John Hall ed., *Forty Year familiar Letters of James A. Alexander, D. D.* (Charles Scribner, 1870), pp. 200-23.

108. 프린스턴 신학자 찰스 하지도 제임스 알렉산더와 같은 이유로 부흥의 중요성을 피력했다. Charles Hodge, *Conference Papers* (Charles Scibner Sons, 1879), pp. 338-340.

약 100명 이상이 기도 모임에 참석했다. 그들 중 대다수는 믿음에 대한 고백이 없는 자들이었다. 그러나 죄의 책책 아래 있었던 그들은 구원을 위해 어떻게 해야 하느냐고 질문하면서 그리스도를 구하고 있었다. 하나님께서는 그들의 영혼에게 그리스도가 얼마나 귀중한 분인지를 발견하도록 허락하고 계셨다.[109]

1858년 1월, 이 기도 모임은 뉴욕 시내뿐만 아니라 미국 전역으로 확산되었다. 제임스 알렉산더는 이 부흥을 기도로 유지해야 한다고 계속 외치면서 하나님의 참된 부흥으로 이끌기 위해 부흥의 지침서라 할 수 있는 **부흥과 교훈**(*The Revival and its Lessons*)을 만들어 배포하고, 설교의 중요성을 인식해서 **뉴욕 강단**(*The New York Pulpit in the Revival of 1858*)이라는 책을 출판했다.

제임스 알렉산더는 조나단 에드워즈나 테넌트가의 설교처럼 경건치 않은 자에게 임할 하나님의 심판이라는 주제로 설교하면서 세상적인 자, 스스로 의로운 척 하는 자, 형식주의자들은 하나님의 심판을 받을 것이라고 했다.[110] 이는 제1, 2차 영적 대각성 때처럼 경건을 위한 청교도의 "마음 종교"를 적용한 것이

---

109. Samuel Prime,*The Power of Prayer: The New York Revival of 1858*(1858) reprint by the Banner of Truth Trust(1991), p.10.
110. John Krebs, *Tears at Judgement* in *The New York Pulpit*(Sheldon, 1860), p. 132.

다. 이러한 설교 유형은 장로교 목회자에게 일반적인 것으로, 뉴욕 시내의 13번가 장로교회의 담임인 사무엘 버처드 목사는 말하기를 "마음의 종교는 날선 검과 같아서 부흥의 때에 매우 중요하다"고 했다.[111] 제임스 알렉산더는 죄에 대한 율법의 질책 기능에 대해서 매우 강조했으며, 다음과 같이 율법에 대해 강해하였다.

> 하나님의 율법은 양심과 마음에 질책의 역할을 한다. 따라서 율법에 대한 설교는 복음의 설교에 앞서야 하는데 이는 반드시 필요하다…죄인은 율법으로 인해 거의 죽은 자와 같이 된다…이러한 율법의 질책으로 죄인은 자기가 죄인이라는 사실을 깨닫고 자신을 신뢰했던 것에서부터 자기포기와 하나님을 신뢰하는 것으로 옮겨진다.[112]

이렇게 제임스 알렉산더는 죄의 질책의 단계를 설명하고 그 다음 단계인 겸비의 단계를 다음과 같이 설명하였다. "죄인들이 눈물을 흘리면서 괴로워하고 그 마음을 보다 낮게 하기 위해 더 많은 노력을 하지만 모든 것은 더욱 나빠지는 듯이 보인다."[113] 이는 제1차 영적 대각성 때 테넌트 일가가 강조했던 청교도의

---

111. Samuel Burchard, *Religious Insensibility in The New York Pulpit*(Sheldon, 1860), p. 324.

112. James Alexander, *Discourses on Common Topics of Christian Faith and Practice*(Charles Scribner, 1858), p. 75.

113. James Alexander, *The Revival and its Lessons*(Charles Scribner, 1858), p.77.

"종의 영"의 교리로서 질책을 받은 영혼이 예수 그리스도를 발견하기 전까지는 평안이 없는 심령 상태를 말한다. 제임스 알렉산더는 계속해서 겸비 단계에서 그리스도를 찾고 바라보는 단계로 넘어가는 과정을 설명했다. 즉 율법은 경고하고, 질책하며, 통회하게 하고, 두렵게 하며, 영혼을 부수는 기능을 하며, 자신을 완전히 포기할 때 드디어 십자가가 보이기 시작하고 하나님께서 마련하신 용서가 깨달아지는 것이라고 했다. 그리고 하나님의 아들의 선물이 매우 귀중함을 깨닫고 "주님, 주는 자비롭고 은혜로우시며, 진실로 이 죄인에게 자비를 베푸셨습니다"라고 기도한다고 강해했다.[114]

이처럼 제임스 알렉산더가 청교도의 회심 신학에 강조를 둔 이유는 회심이 부흥의 진수였기 때문이다. 그리고 이 회심이야말로 진정한 경건을 가져다 주는 수단으로 보았기 때문이다.[115] 이는 프린스턴 신학이 경건을 위해 개인의 회심이 전제되어야 한다고 말한 것과 같은 것이다.

이렇게 1857-1858년의 대부흥은 장로교의 구학파를 더욱 영적으로 강건하게 하였다. 그래서 1858년 총회에서 (구학파) 대부흥에 대해 다음과 같이 보고하였다.

---

114. 전갈서 97-98.

많은 사람들이 복음을 듣기를 애쓰고 있으며 은혜의 수단에 참여하기를 열심으로 하며 지속적으로 교인 수가 증가되는데 성령의 능력의 나타남에 의한 것입니다. 모든 노회에서 죄인들을 회심시키고 성도들을 세우며 양떼들을 훈련시키는 주의 사역이 더욱 세차게 넓고 깊게 진전되었습니다…성령의 임재와 능력과 은혜로 많은 사람들이 구원이 엄청나고 귀한 것임을 깨우쳤습니다.[116]

총회는 계속해서 대부흥 때 죄인들이 회개하는 모습을 서술하기도 했다.

하나님께서는 그의 손으로 우리를 누르셔서 우리가 일하고 수고하는 것에 경고와 고통을 주셔서 그것에 대한 부르짖음이 있게 하셨고 이는 사람들의 마음을 떨구어 그들의 생각들을 하나님에게 직접적으로 돌리셨다…고통과 재앙의 불을 통해 교회로 겸비케 하고 회개토록 하셨으며 주님만 더욱 의지케 하셨으니 이는 하나님의 은혜의 복으로 말미암은 것이다.[117]

총회는 부흥 때의 구원의 가르침이 중요한 은혜의 수단임을 다시 확인하였는데 그것은 칼빈주의 표준이었다고 했다.[118] 결국

---

115. 이것은 프린스턴 신학교의 부흥 신학이었다. 프린스턴 신학교 교수들은 거듭남과 회심이 진정한 경건을 위해 반드시 필요한 전제적 요건이라고 했다. Andrew Hoffecker의 *Piety and Princeton Theologian*와 *Princeton Theology* in *Dictionary of the Presbyterian & Reformed Tradition in America*(InterVasity Press, 1999) 참조.

116. 1858년 구학파 총회록, p. 303.

117. 전갈서, p. 305.

대부흥은 구학파가 청교도 신학을 그대로 전수하고 있으며 그것을 부흥 신학의 수단으로 삼았음을 보여 주었다. 이것은 19세기 후반의 구학파가 국내 선교와 해외 선교의 선교 신학의 기저가 됨을 나타내며, 한국 초기 장로교회는 이러한 역사, 신학적 배경 가운데서 시작되었다.

5. 미 장로교의 청교도 신학

미 장로교는 노회가 설립되기 80여 년 전부터 정착했던 청교도들의 유산에 근거해서 시작하였다. 그래서 그들은 경건의 능력을 강조했고 경건을 실천하였다. 경건이 위협받는 역사적 상황 때마다 청교도 신학과 경건 회복 운동이 일어났고 영적 대각성과 부흥을 체험하였다. 이는 미 장로교로 하여금 더욱 청교도 신학을 견지하는 계기가 되었을 뿐 아니라 선교하는 교회가 되게 하였다.

즉 경건한 목회자와 신학자들이 경건의 산출을 위해 청교도 신학에 근거해서 죄인들을 깨우치려는 노력 가운데 제1차 영적 대각성이 일어났다. 이로 인해 복음을 전하려는 열망이 크게 일어나게 되었고 장로교회는 인디언들에게 복음을 전하기 위해

---

118. 전갈서.

데이빗 브레이너드와 그의 동생 존 브레이너드, 아자리아 호튼을 선교사로 파송하였다.

인디언 선교에 있어서도 이러한 청교도 신학이 선교의 수단이 되었던 것은 당연하다. 예를 들어 1744년 6월 12일 데이빗 브레이너드의 안수식에서 에벤에젤 펨버톤 목사는 청교도의 "마음 종교"의 중요성을 환기시키면서 청교도의 회심 신학이 곧 전도의 방법론임을 강조했다.[119] 조나단 에드워즈의 전도 신학도 마찬가지다. 따라서 제1차 영적 대각성은 선교 자원을 제공해 주었을 뿐만 아니라 부흥의 가르침이 연속선상에 놓여지게 함으로써 미 장로교의 청교도 신학이 선교 신학이 되게 하였다.

제1차 영적 대각성을 경험한 미 장로교회는 영적으로 무지하고 세상적인 자들이 사회에 다수를 차지하는 현상을 보면서 이들을 변화시키는 큰 성령의 쏟아 부어 주심을 갈망하게 되었다. 뿐만 아니라 미국의 정체성을 가진 이후로 세계 선교의 책임을 느끼게 되었다. 따라서 청교도 신학을 재구성한 조나단 에드워즈의 부흥 신학이 널리 유행하게 되었다. 그 외적 증거로 제2차 영적 대각성 직전 조나단 에드워즈의 겸손한 시도(Humble Attempt)가 다시 출판되고 해외 선교부들이 조직되었으며[120] 프린스턴 신

---

119. Ebenezer Pemberton, 1744, pp. 10-11.
120. Earl R. MacCormac, *Jonathan Edwards and Mission Journal of the Presbyterian Historical Society* Vol. 39(1961), pp. 219-229.

학교의 교수인 사무엘 밀러는 1796년 해외 선교 단체인 "뉴욕 소사이어티"(New York Society)를 조직하였다. 밀러는 1798년에 조나단 에드워즈의 겸손한 시도를 근거해서 합심기도 계획안을 채택하고 하나님께서 교회에 성령을 쏟아 부어 주심으로 모든 나라에 복음을 전하게 하자고 했다.[121]

마침내 장로교 총회는 1802년 SCMPC(Standing Committee of Missions of the Presbyterian Church)를 조직하였고, 피츠버그 노회는 같은 해에 WMS(Western Missionary Society)를 조직하였는데, 그 목적은 새로운 거주지에 정착한 자들과 인디언들에게 복음을 전하기 위해서였다.[122] 이러한 선교 조직들은 부흥의 직접적인 결과이다. WMS는 1831년 10월에 WFMS(Western Foreign Missionary Society)로 바뀌었다. 그 후 100년 뒤 피츠버그에서 열린 기념식에서는 이 선교단체가 서부 개척의 최일선이자 영적으로 험한 피츠버그에 조직된 것은 영적으로 무지한 영혼을 구하기 위함이었다고 말했다.[123] 마찬가지로

---

121. Samuel Miller, The life of Samuel Miller, D.D., L.L.D., Second Professor in the Theological Seminary of the Presbyterian Church(Claxton, Remsen Haffelfinger, 1869), p. 106.

122. Armstrong, Loetscher, and Anderson, *The Presbyterian Enterprise: Sources of American Presbyterian History*(Westminster, 1956), p.110.

123. Clarence Macartney, *The Presbyterian Church and the day of beginning in The Centennial of the Western Foreign Mission Society James Kelso ed.*(Pittsburgh Presbytery, 1931), p. 133.

1865년 장로교 총회 교육국 서기로 일한 윌리엄 스피어는 1872년에 제2차 영적 대각성에 대한 책을 발간하면서 장로교의 국내 선교와 해외 선교의 제1차적 원인은 영적으로 깬 영혼들이 예수님의 명령을 이행하고자 한 것이었으며 지옥의 종살이에서 건짐을 받아 구원의 기쁨을 아는 자가 깊은 어둠 속에서 사탄의 족쇄 아래 소망 없이 사는 동료들을 불쌍히 여겨 그들을 복음으로 깨우치려는 열망이라 할 수 있는데, 이는 직접적으로 1800년의 대부흥, 즉 제2차 영적 대각성과 관련된다고 했다.[124]

더욱이 장로교 총회는 1805년 제2차 영적 대각성이 최고조에 달했을 때 목회자 후보생은 "마음 종교" 혹은 "체험 종교"라 부르는 청교도의 회심 신학에 대해 반드시 알아야 하며[125] 그 믿음의 체험을 인식하고 지적으로 서술할 수 있어야 한다고 했다.[126]

제2차 영적 대각성이 최고조에 이르렀을 때 사무엘 밀러와 애쉬벨 그린은 신학교 설립의 필요성을 절감하였다. 총회는 이를 인준하여 1810년 그린, 알렉산더, 밀러와 다른 목회자 4명으

---

124. William Speer, *The Great Revival of 1800*(Presbyterian Board of Publication, 1872), pp. 76-78.
125. 장로교 선교 신학자며 필라델피아 제 6장로교 담임 목사인 애쉬벨 그린이 발제했었다(1805년 총회록, p. 431 참조).
126. Lefferts A. Loetscher, Facing the Enlightenment and Pietism: Archibald Alexander and the Founding of Princeton Theological Seminar(Greenwood Press, 1983), p. 40.

로 신학교 설립 준비 위원회를 구성하여 1812년 뉴저지 대학이 있는 프린스턴에 신학교를 설립하게 되었다.[127] 그리하여 초대 교장 아키발드 알렉산더를 비롯하여 밀러, 그린, 알렉산더의 아들인 제임스 알렉산더, 찰스 하지, 워필드 등의 사람들이 청교도 신학과 부흥 신학을 계속 유지하였고,[128] 이러한 프린스턴 신학은 그들의 사역지에서 실제적이고 직접적으로 적용되었다.[129]

그 구체적인 증거로서 신학생들에게 복음을 전하는 방법론을 강의하고 프린스턴 신학교 학생들에게 선교적 열정을 불어 넣어 주었던 애쉬벨 그린은 뉴잉글랜드 청교도였던 리처드 마더(Richard Mather), 인크리즈 마더(Increase Mather), 코튼 마더(Cotton Mather), 토머스 쉐퍼드, 그리고 제1차 영적 대각성의 전도자들이었던 조나단 에드워즈, 조나단 디킨슨, 아론 바, 사무엘 데이비스(Samuel Davies)와 같이 복음을 전하라고 가르쳤다.[130] 따라서 프린스턴 신학교 졸업생이 선교사로 나갈 때 그들

---

127. David Calhoun, *The Last Command: Princeton Theological Seminary and Mission* Ph. D. Dissertation, 1983. *Princeton Theological Seminary*, pp. 34-56.

128. 프린스턴 신학은 주관적인 체험적 믿음과 객관적 교리가 잘 조화되어 있었다. Andrew Hoffecker 교수의 *Piety and the Princeton Theologian* 참조.

129. 전갈서, p. 6. 그 이유는 청교도 신학은 부흥을 낳고 부흥은 경건을 낳는데 그 경건은 복음적 선교 열망을 낳기 때문이다. 신학적 이유는 J. I. Packer의 *A Quest for Godlines* (Crossway Books, 1990), p. 28 참조.

130. David Calhoun, *Princeton Seminary* Vol. 1(The Banner of Truth and Trust, 1994), p. 186.

의 짐에는 청교도 서적들이 짐 보따리와 함께 싸여져 있었는데 존 오웬, 스테판 차녹, 존 번연, 존 프라블,[131] 그리고 스코틀랜드 장로교 신학자인 사무엘 러더포드와 토머스 보스턴,[132] 청교도의 다음 세대인 조나단 에드워즈의 작품들이 가장 귀하게 여겨졌다. 물론 자신들의 초대 교장인 아키발드 알렉산더의 작품인 **영적 체험에 대한 생각들**(*Thoughts on Religious Experience*)도 그들에게 중요한 책이었다. 한국 동료 후배 선교사들에게 가장 큰 영향을 준 북 장로교의 중국 선교사 존 네비우스도 프린스턴 신학교 출신인데(1850-1853) 그 역시 청교도 신학이 그의 선교 신학이었다. 그는 말하기를 "나는 실제적인 종교를 다룬 청교도들의 작품인 리처드 백스터의 성도의 안식과 필립 도드리지의 영혼의 일어남과 회심 과정 그리고 존 플라블의 작품들을 성경 다음으로 중요하게 여깁니다"라고 했다.[133]

이 같은 상황은 맥코믹 신학교도 마찬가지였다. 신학교 내에

---

131. 존 플라블의 은혜의 수단은 아키발드 알렉산더가 회심할 때 결정적으로 영향을 준 책이다. 프린스턴 신학교 선교사들에게 있어서 존 플라블의 작품은 특별하게 여겨졌다. 그 일례로 프린스턴 신학교 출신 선교사 월터 로우리(Walter Lowrie)가 1842년 중국 연안에서 배가 좌초되어 짐들을 잃어버렸을 때 존 플라블 작품 전집 중 제1권을 잃어버린 것을 가장 큰 손실이라고 하면서 그 책을 금과 같이 여겼다고 한다(David Calhoun 전갈서, p. 160).

132. 토머스 보스턴의 작품 전집 12권 중 특히 인간 심령의 변화를 다룬 *Human Nature and Its Fourfold Estate*가 인기 있었다(David Calhoun Of Ships and Books: The Travel Journals of the Early Princeton Seminary Foreign Missionarie).

133. Helen Nevius, *The life of John Livingston Nevius*(Revell, 1895), p.89.

서 참된 부흥의 종교가 강조되었고 제2차 영적 대각성 때 청교도 신학으로 부흥을 이끈 아사헬 네틀톤[134]의 영향을 받았으며 그들 역시 학생들의 선교 열정을 위해 경건에 매우 주의를 기울였는데 학교 설립 취지에 그대로 반영되어 있다.[135] 따라서 미 장로교에 있어서 청교도 신학은 제2차 영적 대각성 때 부흥을 준비하는 신학이었으며 선교를 위한 신학이었다.

유럽에서 이민자들이 몰려오고 배금사상에 젖게 되면서 세속적으로 급속히 하락하는 교회와 사회를 살리고자 애쓰는 미 장로교는 다시금 청교도 신학을 강조함으로써 제1, 2차 영적 대각성의 유산으로 돌아가고자 애썼다. 결국 하나님께서 1857-1858년의 대부흥을 그들에게 주셨다.

대부흥은 19세기 후반의 미 장로교의 선교적 자원을 먼저 제공하였다. 예를 든다면 1858년에 19세기 전체를 통틀어서 프린스턴 신학교에 가장 많은 95명의 학생이 입학하였고 졸업생들은 국내, 국외 선교사로 나갔다.[136] 그리고 해외 선교지 확장에 이

---

134. 그는 프린스턴 신학교 교수인 사무엘 밀러와 교분이 두터웠다.
135. 1840년 학교 규정 제5항이 이것을 강조하고 있다. 또한 제4항에 의하면 학생들은 반드시 실제적인 종교를 주제로 한 최고의 작품들을 다수 읽어야 한다고 했는데 이는 청교도들의 작품을 의미하는 것이다. 왜냐하면 그 당시의 실제적인 종교 서적들은 청교도 작품들을 말하기 때문이다(Le Joy Halsey, *A History of the McCormick Theological Seminary of the Presbyterian Church*, p. 505-506).
136. David Calhoun, *Princeton Seminary* Vol. 1(Banner of the Truth and Trust, 1994), p. 371.

바지했는데 대부흥 직후인 1859년 구학파는 브라질과 일본에 선교사역을 시작했으며 신학파와 연합한 후에도 자체의 해외선교 조직을 가지지 못했던 신학파에 우세하여[137] 해외선교를 주도함으로써 1872년 멕시코, 1882년 중앙 아메리카, 1884년 한국에까지 선교지를 확장하였다. 물론 이들의 선교 신학이 청교도 신학에 근거를 두고 있음은 더 말할 필요가 없겠다.

6. 미 장로교의 선교 특징

1884년 한국에 복음을 들고 들어 온 북 장로교회는 대략 3가지 선교의 특징을 가지고 있다.

첫째로, 그들의 선교 수단이 청교도 신학, 특히 "마음 종교" 였다는 사실이다.

둘째로, 이러한 신학으로 인해 그들의 선교 목표가 선교지에서 회심을 통한 생동적인 경건을 생산해 내는 것이었다. 그리하여 선교지에서 모든 어둠을 몰아내고 하나님의 영광을 그 땅에

---

137. 구학파와 신학파가 재결합하기 전까지 구학파는 자신들의 선교부가 있었고 신학파는 회중교회의 선교부인 ABCFM에 소속되어 해외선교를 감당했는데 재결합 직전 45명의 선교사를 해외에 파송하고 있었으며, 재결합하면서 ABCFM으로부터 시리아, 페르시아, 아프리카 가봉 선교부를 양도받았다(Geo Hays의 *Presbyterian* p. 305와 Robert Ellis Thomson의 *A History of the PCUSA*, p. 182 참조). 구학파가 해외선교에 우세 할 수밖에 없었던 또 다른 이유는 선교사 자원이 우세했기 때문이다.

편만케 하는 것이 선교의 목표였다. 그래서 선교사들은 제1, 2차 영적 대각성 때 경건한 목회자들이 먼저 영적 상태를 조사하고 사람들을 깨우치기 위해 애썼던 것처럼 선교지에서 사람들의 영적, 도덕적 상태를 살피고 경건을 만들어 내기 위해 일했다. 또한 그들은 교회의 경건을 유지하기 위해 상당한 주의를 기울였다.

셋째로, 이들은 제1, 2차 영적 대각성과 1857-1858의 대부흥을 배경으로 하여, 선교가 부흥을 도래케 하는 것으로 이해했다. 따라서 선교사들은 선교지에서 회심을 일으키고 경건을 생산해 내는 가장 큰 수단이 하나님이 주시는 부흥이라고 믿고 자신들의 사역 위에 하나님께서 성령의 쏟아 부어 주심을 허락해 주시기를 간절히 고대하였다.[138] 그래서 1880년대에 전도(선교), 부흥, 경건은 장로교 사역자들에게 가장 빈번한 주제였다.[139]

---

138. James Alexander, *The Spiritual Vitality of the Truth In The Missionary Offering*(Derby, 1850). p.5.

139. Lefferts Loetscher, Presbyterianism and Revivals in Philadelphia since 1887 in The Pennsylvania magazine of History and biography Vol. 68(1944), p. 68.

초기 한국 장로교회의
청교도 신학

제3장

서론

초기 한국 장로교회의 신학적 전통은 앞장에서 살펴본 바와 같이 청교도 신학과 부흥을 추구하는 것이었다. 그리고 청교도 신학의 특성상 선교사들의 사역 가운데 실제화된 부분은 전도 사역과, 이에 관련된 일련의 목회 사역, 그리고 사회 개혁 운동이었다.

1. 전도 사역

북 장로교의 선교사들은 복음을 전하는 데 있어서 청교도 신학과 영적 대각성의 유산을 그대로 이어 받았다. 즉 청교도들의 "마음 종교"를 이어 받았기 때문에 선교사들은 복음을 전하면서 심령의 변화와 체험에 매우 주의하였다. 북 장로교 선교사들은 성경의 진리들이 그 심령 속에서 얼마나 깊이 자리 잡고 있는가를 살폈고, 그들이 인도하던 성경공부 시간에는 영적인 지식과 체험에 대해 가르쳤으며, 학생들간의 대화의 주된 주제도 성경과 그리스도인의 개인적 체험이었다.[140] 그러면서도 어떤 체험 일변도로 치우친 것이 아니라 매우 교리적이었다. 사무엘 모펫 선교사는 북 장로교 선교 20주년 회의에서 전도의 정책과 방법에 대해 강의했는데 여기에서 그는 체험적이며 교리적인 복음전도의 성격을 다시 확인해 주었다. 그것들을 요약하면 다음과 같다.

(1) 죄와 심판의 실체, 그리고 죄의 결과로서의 하나님의 진노에 대해 깊이 강해할 것, (2) 회개의 실체와, 진정으로 참회하는 자에게 죄를 용서해 주는 것에 대해 밝히 증거할 것, (3) 거듭남에 있어 성령의 일하시는 것의 실체와 유일한 구원의 길인 그리스도에 대한 믿음의 실체에 대해서 가르칠 것, (4) 한국인들로 하여금 신적인 실체에 대해 체험하도록 하며, 용서와 구원을 위해 하나님에게 오는 자는 누구든지 구원받을 수 있음을 체험하도록 할 것이었다.[141] 이러한 전도 정책과 방법 속에서 북 장로교

---

140. C. F. Bernheisel, Classes in Whang Hai Province, *The Korea Field*, 1901, p.2.

141. Samuel Moffett, Policy and Methods in Evangelization of Korea, *The Korea Field*, 1904, pp. 193-198.

선교사들의 전도 목표는 단지 믿음을 고백하거나 교회에만 출석하는 자를 얻고자 하는 것이 아니라 진정한 회심자를 얻고자 하는 것이었다.[142] 따라서 이러한 청교도 신학에 근거하여 북 장로교 선교사들의 전도 사역은 다음과 같은 특징을 가지고 있었다.

(1) 회심을 위한 전도

북 장로교의 전도 신학은 청교도의 회심 신학을[143] 따르고 있어서 회심의 과정을 따라 전도 대상자를 돌보는 것이 곧 전도의 과정이었다. 그래서 선교사들은 한 영혼이 주께로 돌아오는 과정에 주의를 기울이면서 그들이 온전히 진정한 회개와 믿음을 갖도록 인도하였다. 이것은 오늘날 간단한 기계식으로 만든 전도 메시지를 나눠주고 믿겠느냐고 물은 뒤 그렇다고 하면 같이 기도한 후 구원이 당신에게 임하였다고 하는 전도와 분명히 다른 것이다. 그들은 복음을 듣고 배우는 자들에게 진정 심령의 변화가 일어났는가, 구원의 지식이 온전한가, 회개와 믿음의 증거가 있는가를 살피고 그들이 온전히 회심하도록 이끌었다. 그들은 청교도들과 같이 영혼을 다루는 의사였던 것이다. 전도의 과

---

142. 언더우드 선교사는 회심을 도덕적, 영적 거듭남으로 이해하였다(Underwood 1918; Baird, 1968).

143. Norman Pettit, *The Heart Prepared: Grace and Conversion in Puritan Spiritual Life*(Yale University Press, 1966) 참조.

정은 다음과 같다.

  선교사들은 복음을 듣는 자들이 성경 교리의 지식에 온전하도록 먼저 주의를 기울였다. 즉 회심의 첫 단계로서 교리와 믿음의 도에 대해서 깊이 생각하는 궁구의 단계로부터 그 전도가 본격화되었다. 이 단계에 이르기까지 선교사들은 복음을 듣는 자들의 지식이 자라고 있는지에 대해 매우 신경을 썼다.[144] 그리고 성급하게 믿겠다고 하는 자들이나 깊은 생각 없이 믿겠다고 하는 자들에게 보다 더 신중히 생각하라고 권면하였다. 그리스도 신문[145]에 실린 한 기사를 예로 들어 보겠다.

> 경기 이천군 호법면 주막촌에 사는 김제황이와 박진호가 예수의 말씀을 전도인에게 듣고 본토에 돌아가서 여러 사람에게 전하기를 예수를 믿고 상주를 공경하면 큰 복을 받는다 하매 린근동[네] 사람들이 큰 은혜를 받는다 하는 말을 긴히 들은 것은 사람마다 잘된다 하면 누가 싫어 하리요 뜻도 알지 못하고 와서 교를 하겠다 하는 사람도 있고…애석한 것이 있도다 믿기를 굿이 믿어야 이왕에 지은 죄를 알고 고쳐야 할 터인데 이것은 첫째 성경을 보고 그 뜻을 깊이 깨달아 새 마음을 얻어 여러 사람이 구함을 엇게 되니(그리스도 신문, 1898년 1월 27일자).

---

144. Margaret Best, Fruits of Womens Work in the North, *The Korea Field*, 1901, p. 8.
145. 북 장로교 선교부가 한글로 발행한 신문이다.

북 장로교 선교사들은 믿겠다고 하는 자들에게 먼저 충분한 하나님 말씀에 대한 지식을 요구했는데, 이는 하나님의 말씀을 읽고 깨닫는 가운데 성령의 죄에 대한 질책이 일어나기를 기대하고 있었기 때문이다. 이렇게 함으로써 피상적인 지식이나 기복적인 신앙의 길을 막고 신앙적인 위선자가 되지 않게 했다. 북 장로교 선교사들은 이렇게 진리를 탐구하는 단계에서 복음을 듣는 자로 하여금 상당한 성경 교리의 지식을 갖도록 하였다. 이 원리를 그리스도 신문은 1897년 7월 22일자 신문에서 "예수를 믿기 전에 성령이 우리 마음을 회개케 하시려고 항상 가르치시나니"라고 신학적으로 설명했다.

　회심을 위한 전도의 둘째 단계는 성령의 역사로 말미암은 죄의 질책의 단계이다. 북 장로교 선교사들은 이 과정도 역시 주의 깊게 살피면서, 이미 교리와 도를 깨달아 가는 죄인들이 자신이 죄인이라는 사실을 밝히 알도록 인도하였다. 예를 들면 다음과 같다.

> 황해도 백천군 남면 운교에 조씨 부인이 과부로 있고 또 며느리도 과부로 어린 아들 하나를 데리고 사는데⋯예수를 믿는 두어 부인이 과부 고부에게 예수 말씀을 하였더니 이 두 과부 부인이 밤이 새도록 이치를 생각해 본즉 마땅이 할 일이라 날이 밝은 후에 전도하던 부인 집을 찾아가서 말하되 내가 죄진 것을 생각한즉 참으로 죽어 마땅한지라(그리스도 신문, 1898년 3월 30일자).

북 장로교 선교사들은 이 단계에서 사람들이 죄를 깨닫고 하나님의 진노를 무서워하게 되는 것을 알고 이러한 심령의 변화를 기대하고 살폈다. 예를 들어, 황해도 재령에 사는 회당 주인 전씨의 경우를 보자.

> 본래 관인으로 주색 잡기를 일삼더니…예수의 말씀을 듣고 생각하여 본즉…죽을 일만 하였도다 탄식하고 가로되…제 마음대로 행하다가 죄를 상주께 얻어서 지옥 형벌을 면치 못하겠시니 어찌 살기를 바라리요…어디 가서 살기를 구하리요 영원한 벌을 면치 못하고 영원히 죽었도다 슬프다 사람이 세상에 처하여야 참 이치를 모르고 마귀의 일만 하였으니 상주께 노하심이 항상 우리 머리 위에 있으니 어찌 하리요(그리스도 신문, 1898년 12월 29일자).

이러한 죄의 질책 가운데 두렵고 떨리는 심령이 일어나고 비로소 삶의 개혁이 시작되는 것을 선교사들은 확인하였다. 다음 기사는 바로 그러한 사역의 경우이다.

> 김창순이가 즉시 땅에 엎드려 감히 머리를 들지 못하고 가로되 하늘에 계신 상주여 이 죄인을 살려 주옵소서 성경을 본즉 이 죄인은 지옥 벌을 마땅히 받을 줄을 아옵나이다 하며 기도한 후에 마음이 두려운 생각이 없고 떨리는 것이 차차로 그치는지라 즉시 악행한 곳에 가서 그 사람을 보고 사죄하여 용서함을 얻고 토색한 재물을 다 본처에 주되 무수히 사죄하여 얻어(그리스도신문, 1897년 10월 21일자).

북 장로교 선교사들은 죄의 질책과 철저히 낮아지는 단계를 매우 중요시 여겼다. 왜냐하면 이 단계가 온전히 되어야 회개가 이루어질 수 있다고 보았기 때문이다. 따라서 그들은 전도 사역을 행하면서 복음을 듣는 자들이 어떻게 하든지 자신들이 죄인임을 철저히 자각하고 그로 인해 심령이 가난해지는 것을 발견하려고 애썼다. 그리고 회개치 않은 이유를 다음과 같이 설명하기도 했다. "여러 사람이 있어 회개치 아니하는 것은 속에 죄가 있는 줄 깨닫지 못하여 죄가 없는 줄만 아느니라"(그리스도 신문, 1897년 10월 11일자). "스스로 죄 없다고 생각하는 자는 스스로 속이는 것이다"(그리스도 신문, 1906년 5월 3일자).

북 장로교 선교사들은 한 영혼 한 영혼 살피는 일을 게을리 하지 않았다. 그들은 사람들이 죄의 질책의 단계가 더욱 깊어져 더욱 더 자신의 무가치함과 자신을 스스로 구원할 수 없음을 철저히 자각하면서 "어찌하여야 구원을 얻을 수 있습니까" 하고 "죄인의 기도"를 드리는 단계에 이르도록 인도하고 살폈다.

"죄인의 기도"라는 용어는 청교도들이 스가랴 12:10과 사도행전 2:37을 근거로 만들어 낸 것이다. 이것은 회심하기 직전의 영적 상태를 말하는 것으로 자신의 구원을 위해 그리스도를 필요로 하는 심령의 준비된 상태를 의미한다. 그리스도 신문에 기록된 황주에 사는 조상안이라는 사람의 기도를 보면 더욱 분명히 알 수 있다.

> 상주께 기도하여 가로되 하늘에 계신 우리 아버지여 이 죄인이 감히 아버지라 부를 수 없건마는 지금 예수의 말씀을 들은즉 우리 이 죄인과 만물을 내시고 다스리시며 주장하시는 줄을 알고 엎드려 비옵나이다 이 죄인이 세상에 못된 일을 하나도 빼지 아니하고 다 하였은즉 이 죄인을 불쌍히 여기시옵소서 하며 통곡하니 이렇게 통곡하는 것은 제 몸에 죄가 있는 것을 알고 벗으려고 예수의 공로를 생각하니 제 죄를 대신 속하여 주신 줄을 확실이 아는 연고라 이 사람이 몇 날을 출입도 아니하고 집에 있어 전에 잘못한 것을 다 생각하여 그곳에 찾아가서 용서함을 빌며 또 갚을 것이 있는 곳마다 찾아가서 철저히 다 갚고 사고한 후에 돌아와서 성경을 공부하며(그리스도 신문, 1897년 9월 30일자).

이러한 "죄인의 기도"는 북 장로교 선교사들의 전도 사역에서 회심의 결정적 증거로 보았기 때문에 다른 어느 기사보다 더욱 자주 기재되었다. 역시 그리스도 신문에 기재된 홍수길의 죄인의 기도를 보면 이것을 얼마나 중요시했는지 알 수 있다.

> 전에 하던 행실을 버리고 스스로 자기를 책망하여 상주께 빌되 하늘에 계신 상주여 이 죄인의 고함을 들으옵소서 이 죄인이 상주께 죄를 얻었으니 어찌 형벌을 면하오리이까 도망할 곳이 없사옵나이다 이 죄인을 구하옵소서 아멘(그리스도 신문, 1897년 10월 14일자).

북 장로교 선교사들은 복음을 듣는 자들이 지식을 쌓고, 성령의 질책을 받으며 "죄인의 기도"를 드리면서 영적으로 겸비해지는 일련의 회심 과정을 놓치지 않고 살폈다. 왜냐하면 그리스도의 용서를 체험한 후 계속 자신의 죄와 싸우는 과정이 겸비의 과정을 지나야 생성될 수 있다고 보았기 때문이다. 한마디로 회개의 온전한 증거를 살피기 위해 그 영혼이 얼마나 낮아지는지를 본 것이다. 그리스도 신문에 기재된 기사를 보면 이를 알 수 있다.

평양 보통문에 사는 림씨 부인이 본래 빈한하며 남편도 없고 자식도 없이 홀로 살더니 마침 리(Graham Lee) 목사가 전도하는 말씀을 듣고 회당에 가서 성경에 있는 뜻으로 강도하는 말씀을 자세히 들은즉 한마디도 이치에 벗어남이 없는지라 스스로 생각하여 보니 자 소시로부터 행한 일이 도무지 한 가지도 성경 뜻에 합한 것이 없고 죽을 일만 하였으니 어찌 살기를 바라리요 하며 탄식하여 가로되 나는 죄가 중한 사람이라 나 같은 사람도 예수를 구주로 믿으면 구함을 얻으리이까 하거늘 리 목사가 대답하되 죄를 뉘우쳐 고치고 예수만 믿으면 구함을 얻느니라 하니 이 부인이 하늘을 우러러 가로되 내가 참신 여호와를 알지 못하고 헛신을 위하여 재물을 허비하였으니 이것이 첫째 죽을 죄라 하고 즉시 자기 마음을 꾸짖어 고치고 집에 돌아와서 언문 성경책을 보다가 상주께 기도하여 가로되 이 죄인을 불쌍히 여기사 죄를 사하여 주옵소서 이 죄인이 마귀의 종노릇을 오래 하였나이다 그러나 더럽다 말으시고 예수의 공로를 보사 사하여 주심을 바랍나이다 아멘(그리스도 신문, 1897년 9월 2일자).

이처럼 북 장로교 선교사들은 죄의 질책과 효과를 주의 깊게 살피면서 복음 듣는 자들을 인도하였는데 이것은 청교도의 전도 신학을 그대로 이어 받아 그들의 사역에서 실천한 것이다.146 이렇게 함으로써 단지 입술의 고백자나 명목적인 그리스도인이나 혹은 위선자들이 교회에 넘치는 것을 막았다.147

북 장로교 선교사들은 이렇게 죄의 질책을 받고 낮아진 심령의 죄인들이 하나님이 마련하신 예수 그리스도 안에서의 용서함을 발견하고 그리스도께로 달려가도록 도와주었다. 즉 회심의 정점에 이르도록 그들을 인도하여, 예수를 주로 믿게 하였다. 북 장로교 선교사들은 이러한 일련의 회심의 과정을 유독 강조하였는데 게일 목사는 예순화의 경우를 보고하면서 이러한 과정을 상세히 서술한다. 먼저 예순화는 술주정뱅이요 도박꾼이었는데 다음과 같이 "죄인의 기도"를 드렸다.

> "오 하나님의 아들이신 나사렛 예수여, 나는 한국인이며 마귀의 자식인 예순화입니다. 나는 당신이 잃어 버린 자를 구하기 위해 오셨다고 들었습니다. 나는 예순화인데 가장 나쁜 놈입니다."148

---

146. 존 번연의 천로역정이 바로 이러한 책의 대표적인 것이며, 뉴잉글랜드 청교도 존 엘리엇(John Eliot)이 아메리칸 인디언에게 선교하면서 바로 이것을 적용하였다. 이에 대한 최근의 책으로는 Joel R. Beeke의 *Puritan Evangelism*(1999)이 있다.

147. 존 네비우스의 원리는 바로 이러한 위선자들의 양산을 막고자 하는 노력이었다.

148. James Gale, Happy Ye, *The Korea Mission Field*, 1906, p. 97.

게일 목사는 계속해서 예순화가 예수의 용서하시는 은혜를 체험하는 과정을 주의 깊게 살피고 다음과 같이 기록했다.

> 나는 절규의 한계에 있었습니다. 산 같은 죄가 나의 영혼과 몸을 삼킬 것 같았습니다. 계속 기도했지만 응답이 없었습니다. 구세주 예수께서 나의 죄 많은 영혼을 만져 주지 않는 것 같았습니다. 나는 너무 사악했고 간사했기 때문입니다. 그러나 어느 날 밤 눈물을 흘리며 기도하고 있는 가운데 그의 은혜가 크게 임했습니다. 그리고 나의 괴로워하는 신음이 그치면서 평화와 기쁨이 내 속에 들어오는 것이었습니다. 그래서 나는 계속 찬양했습니다.[149]

예순화와 같은 경우가 북 장로교 선교사들의 전도 사역에는 하나의 모범이요 일반적인 것이었다. 조지 데이비스 선교사는 그 당시 많은 사람들의 회심의 경우와 그 과정을 기록했는데, 그 중에는 길선주의 회심 과정도 있었다. 우선 한국 장로교의 지도자였던 길선주 목사의 회심 기록을 보자.

> 나의 친구인 김종서는 모펫 박사의 가르침을 통해 열심 있는 그리스도인이 되었다. 그는 그가 믿고 있는 교리로 나를 인도코자 애썼다. 김은 나에게 천로역정을 빌려 주었다. 나는 이 책을 읽으면서 울고 또 울었다. 왜냐하면 나는 내가 이토록 중한 죄인이라는 사실을 처음 깨달았기 때문이다. 이때부터 나는 신약성경을 보다 열심

---

149. 전같서.

히 읽기 시작했다. 나는 점차로 예수가 확실히 하나님이신 것을 알았다. 그리고 하나님께 기도하기 시작했다. 나의 기도는 우리 아버지로서의 하나님이 아니라 단지 우주에 가장 영적으로 힘을 가진 하나님에게 기도한 것이다. 이것은 나의 영혼에게 유익을 가져다 주지 못하는 것으로 보였다. 어느 날 밤 나는 어떤 음성으로 인해 점점 깨어나고 있었는데 누군가가 "길선주야! 길선주야!" 하며 반복하여 부르는 것이었다. 나의 영혼 속에서 이것이 하나님의 음성인 줄 알 수 있었다. 전에는 내가 기도할 때에 두려움과 떨림으로 많이 울면서 기도했었는데 그 이유는 나 자신을 볼 때 구원의 소망이 없는 죄인이었기 때문이었다. 그러나 이제는 즉시로 나 자신이 구원받은 죄인으로 보였고 하나님은 나의 아버지로 보였다. 나는 목이 터지도록 하나님을 찬양하면서 "아버지 하나님! 아버지 하나님!" 하고 울었다…이렇게 아버지라 외친 후 나는 그리스도가 나의 구주라는 것을 매우 생생하게 인식할 수 있었고 그분께서 나를 위하여 당한 고난을 알 수 있었다. 나는 그분을 나의 개인적인 구주로 받아들였다…그날 밤 이후 잃어 버린 자를 구하여야 한다는 갈망이 나를 누르기 시작했다.[150]

길선주의 회심 과정 기록을 보면 북 장로교 선교사들이 청교도들의 회심 신학을 그대로 이어 받아 그들의 사역에 적용했을 뿐 아니라 회심과 성화에 대해서 쉽게 풀이한 존 번연의 천로역정을 하나의 도구로 사용했다는 것을 알 수 있다. 북 장로교 선교사들은 청교도의 회심 신학을 따르면서 전도 사역으로 생기는

---

150. George Davis, *Korea for Christ* (Fleming Revell, 1910), pp. 36-37.

회심자들이 경건해지기를 기대했다. 이것은 19세기 프린스턴 신학교 교수들이 경건을 위해서는 회심과 거듭남이 필수 전제 되어야 한다고 주장한 신학을[151] 선교지에서 실천한 것이었다.

(2) 진정한 회개와 믿음

북 장로교 선교사들은 청교도의 회심 신학을 전도 신학에 적용하면서 복음을 듣는 이가 회심에 이르도록 하였다. 그렇다면 북 장로교 선교사들은 무엇으로 그들의 회심을 확인하였는가? 북 장로교 선교사들은 회심의 과정에서 반드시 참된 회개와 믿음이 그 산물과 증거로 나타나야 한다고 생각했다. 그래서 그들은 복음을 듣는 자들의 입술의 고백과 행함이 일치되는가를 확인하였다. 즉 믿음의 증거가 행함 가운데 나타나야 그 진정성이 인정되었다. 선교사들은 위선자나 단순한 입술의 고백자나 거짓 고백자를 철저히 경계하였고, 정결한 신부와 같이 단장된 강력한 교회를 한국에 세우고자 했다.

먼저, 북 장로교 선교사들은 생명 얻는 회개에 대해 다음과 같이 정의하였다.

> 생명을 얻는 데까지 이르는 회개는 구원하는 은혜인데 이로 말미

---

151. 개혁신학교 교수 앤드류 호페커의 글 Princeton Theology In Dictionary of the Presbyterian & Reformed Tradition in America(IVP, 1999)를 보라.

> 암아 죄인이 참으로 자기의 죄를 알고 또 그리스도 안에 있어 하나님의 긍휼히 여기심을 알아서 자기의 죄를 통한이 여기고 미워하여 거기서 떠나서 하나님께로 돌아가 단단히 작정하고 힘써서 새로 하나님의 뜻을 순종하나니(그리스도 신문, 1902년 1월 16일자).

앞의 글에서 생명 얻는 회개의 증거 중 하나로 죄를 미워하고 싸우는 것에 대해 말하고 있는데 이는 청교도 신학과 칼빈주의 신학에서 온 것이다.[152] 이렇게 북 장로교 선교사들은 죄를 미워하는가의 여부에 따라서 참 회개와 거짓 회개를 분별하였다. 이에 대해 그리스도 신문은 다음과 같은 기사를 실었다.

> 여러 사람이 회개하는 것을 살펴보매 혹은 죄를 지은 후에 형벌받을 것을 섭섭히 여기나니 이는 거짓 회개 하는 것이오 다만 죄를 미워하고 아파하여 다시 짓지 아니하기로 작정하는 것은 진실히 회개함이라(그리스도 신문, 1902년 5월 22일자).

북 장로교 선교사들이 죄를 미워하는 것을 참 회개의 증거로 간주한 이유는 회심의 과정 가운데 성령의 죄의 질책의 역사와 죄로 인해 낮아지는 현상이 회심 이후에 죄와 싸우는 현상으로 발전된다는 청교도 신학에 근거했기 때문이다. 북 장로교 선교사들은 이를 다음과 같이 증거했다.

---

152. 이것을 보통 성화의 시작인 Mortfication이라 부른다.

구주의 참 빛이 비쳐 가는 곳마다 사람이 악습을 버리고 죄를 미워하는 것은 제 힘으로 함이 아니요 성령의 묵시하심이니 이 때를 당하여 전국 인민이 어찌 구주의 참빛을 받지 아니하리오(그리스도신문, 1897년 7월 1일자).

북 장로교 선교사들은 죄를 미워하는 것과 함께 그 행함에 있어 열매가 있는가 혹은 경건한가를 매우 주의 깊게 살폈다. 따라서 아예 처음부터 전도의 메시지에 이러한 내용을 포함하여 쉽게 믿으려 하는 풍조를 막았고 일단 믿게 되면 그 말씀대로 준행하여 살아가야 한다는 것을 확고히 하였다. 이러한 전도 메시지는 미국의 영적 대각성 때의 메시지와 같은데 예를 든다면 다음과 같다.

이 교는 영혼과 육신을 보호하는 고로 상주께서 주신 성경말씀을 공부하여 성경의 뜻대로 행하며 예수를 믿고 그 분부대로 준행하면 영혼과 육신이 함께 살고 만일 예수를 믿어 준행치 아니하면 영혼과 육신이 함께 죽나니 이 참 도를 배반하는 것이니 성경 뜻을 준행치 아니함이라 어찌 두렵지 아니하리오(그리스도 신문, 1897년 7월 22일자).

더욱이 북 장로교 선교사들은 청교도 신학의 맥락에서 성화가 구원 속에 포함된 것으로 이해하였다. 따라서 그 행함과 선행이 반드시 회개의 증거로 나타나야 되며 예수를 믿는 삶 속에서 계속 나타나야 됨을 강조했다. 그 예로 그리스도 신문은 다음과 같이 말하고 있다.

> 구주 예수께서 강생하사 속법을 세우시고 자기를 믿고 순종하는 자라야 거듭난 사람이 되어 능히 선을 행할 힘을 얻거니와 그러치 아니하고는 제 임의 대로는 선을 행치 못할 거시오 구주 예수를 믿을찌라도 마음과 뜻과 힘을 다하여 열심으로 믿고 순종하는 자라야 심판 날에 구속을 얻느니라(그리스도 신문, 1901년 1월 28일자).

북 장로교 선교사들은 진정한 회개와 함께 구원의 믿음에 대해서도 강조하였다. 그리하여 그저 쉽고 가볍게 믿으려 하거나 행함이 없이 믿으려 하거나 혹은 믿다가 중도에 포기하려는 태도에 대해 강력히 경고하였다. 다음의 기사는 그러한 예를 다루고 있다.

> 대개 온 천하에 도를 듣는 자는 많으되 도를 믿는 자는 적은지라 저 믿음이 적은 자들이 육신 기르기를 온전히 위하여 도리어 생명을 잃어 버리는 자 무수하니 이런 사람은 공중에 새와 땅 위에 꽃과 나무가 하늘 아버지의 은혜로 기르심을 얻음만 같지 못하도다(그리스도 신문, 1901년 10월 30일자).

이렇게 북 장로교 선교사들이 진정한 회개와 믿음에 대해서 각별히 주의하고 그 증거를 복음을 듣는 자에게서 찾은 이유는 거짓 고백자와 위선자의 위험성 때문이었다. 그들은 하나님께서 특별히 허락하신 복음 전도의 기회를 헛되지 않게 하려고 부단히 노력했다. 만약 그들이 세운 교회가 위선자들이 차고 넘쳐 진리에 대해 허약한 교회가 되어 버린다면 그들의 수고가 헛된 것이 될 것이라는 사실을 잘 알고 있었다. 그래서 선교사들은 거짓 고백자와 위선자를 그토록 경계하면서 다음과 같이 참된 믿음의 증거를 찾았다.

> 누구든지 믿는 이와 함께 있을 때에는 믿노라 하고 믿는 모양을 보이되 혼자 있을 때에는 예수씨를 생각지도 아니하고 순복지도 아니하면 어찌 외모만 주장하는 사람이 아니뇨 은밀히 하나님을 공경하여야 참 믿는 사람의 증거라(그리스도 신문, 1901년 12월 20일자).

그렇다면 북 장로교 선교사들의 전도 사역 가운데 과연 어떻게 참된 회개와 믿음의 증거를 확인했는가를 살펴볼 필요가 있다. 그들은 복음을 듣는 사람의 삶 가운데 죄를 회개하고 미워하며 참된 믿음의 증거가 나타나는 것을 살폈는데, 보다 실제적으로 담배와 술, 도박을 끊고, 첩이 있는 경우 첩을 내보내는 것을 외적 증거로 삼았다. 또한 하나님을 두려워하며 경건하고 정직한 삶을 사는지를 살폈는데, 안식일(주일)을 거룩하게 지키는 것을 그 외적 증거로 삼았다. 다음은 그러한 예 중 하나이다.

> 성경공부반의 여인들 중 한 여인은 안식일을 위해 희생하였다. 거의 모든 장사가 오일장이 서는 날에 이루어지는데 때때로 자주 이 날들이 일요일이 되어서 5일간의 모든 이익들을 잃어 버리게 되는데도 이 날을 즐겁게 지킨다.[153]

이것뿐 아니라 그 믿음이 진정한 믿음인지를 알기 위해 복음을 받은 자들의 심령 속에 복음을 모르는 불쌍한 심령에 대한 뜨거운 구령의 불길이 있는지 없는지를 증거로 살폈다. 이것은 세례 후보자가 세례를 받는 데 있어 반드시 점검되어졌던 부분이다. 사무엘 모펫 선교사는 1904년 "한국의 복음화 정책과 방법"이라는 글에서 이 원리를 설명했는데 "확신은 확신을 낳는다"라고 하면서 깨어진 영혼이 어둠 가운데 있는 영혼을 보며 안타까워하면서 그들을 깨우기 위해 뜨거운 전도열을 가지고 복음을 전하는 것이 곧 온전한 회심과 믿음의 증거라고 말했다.[154] 그는 더 나아가 1909년에 북 장로교 선교 25주년 기념 회의에서 다른 사람들을 그리스도께로 인도하려는 열망과 전도함이 없는

---

153. Lillias Underwood, *Fifteen Years among the top-knots or Life in Korea*(American Tract Society, 1904), p. 222.
154. Samuel Moffett, Policy and Methods in Evangelization of Korea, *The Korea Field*, 1904, p. 196.

것은 믿음에 대한 충분한 증거의 부족으로 보고 세례를 받을 수 없다고 말했다.[155] 따라서 북 장로교 선교사들은 피전도인의 복음 전파의 열망을 그 영혼이 깨어진 증거로 간주하였다.

이와 같이 북 장로교 선교사들은 복음을 듣는 자들이 회심하도록 인도했을 뿐 아니라 그들이 진정으로 회개하고 믿음을 가졌는가를 그들의 실제 삶 가운데서 확인하였다. 이렇게 진정한 회개와 믿음을 확인한 후에 그들을 교회 회원으로 받아들였는데 이는 잘못된 동기로 예수를 믿고자 하는 위선자들과 거짓 고백자들, 그리고 쉽게 믿고자 하는 자들이 교회에 번성치 못하도록 하기 위한 것이었다.[156]

(3) 철저한 교리 전도

북 장로교 선교사들의 전도 사역의 목표는 회심을 얻기 위한 것이었다. 그렇다면 그들은 어떤 수단과 방법을 사용했을까? 여기서 혹시 북 장로교 선교사들은 단지 체험을 유발하기 위해 어떤 환상적 방법이나 감정을 북돋우는 수단을 사용한 것은 아닌지에 대한 질문을 할지도 모르겠다.[157] 그러나 북 장로교 선교사

---

155. Quarto Centennial Papers (PCUSA), p. 17.
156. 1903년 Annual Report.
157. 이 질문은 청교도 신학과 유럽의 경건주의와 구별되는 요소이다.

들은 청교도 신학과 영적 대각성의 유산을 이어 받았기 때문에 회심의 수단으로 매우 철저하고 심각하고 무거운 교리 전도를 했다. 그러면서 오히려 일시적인 흥분이나 감정적인 요소들을 배제하였다.

북 장로교 선교사들의 전도는 교리의 가르침이었다. 그들은 전도를 통해 죄, 회개, 믿음, 용서, 구원을 주된 주제로 가르쳤다. 따라서 "믿음의 도"는 죄를 벗는 도로 대중에게 인식되어졌다. 북 장로교 선교사들은 심지어 노방 전도에서도 죄와 회개, 구원의 도를 외쳤다. 그 예로서, 다니엘 기포드는 스왈렌(W. L. Swallen) 선교사의 노방 전도에 대해서 이렇게 묘사하고 있다.

> 그(스왈렌)는 길거리에 있는 청중에게 하나님과 하나님의 속성을 말하고 있었는데 우리가 얼마나 하나님의 눈에 죄인이며, 그리스도께서 어떻게 우리의 죄를 속하였는가를 전하고 있었다.[158]

이렇게 북 장로교 선교사들이 전도에 있어서 철저히 교리를 전하고 가르친 것은 북 장로교의 신학적 유산과 전통에 근거한 것이다. 노블(W. A. Noble)은 사무엘 모펫의 노방 전도와 사랑방 전도의 특징들을 다음과 같이 증거하고 있다.

---

158. Daniel Gifford, *Every-Day Life in Korea*(Student Missionary Campaign Library, 1898), p. 151.

> 작년에 평양에서 본 선교 사역은 내가 본 선교 사역 중 가장 인상적인 것이었다. 이것은 성령께서 여전히 역사하시는 것을 보여 주는 것이며, 오랜 진리로서 죄, 다가올 심판, 하나님의 공의와 사랑, 속죄, 거룩의 필요성의 가르침이 사도시대와 같은 힘을 가지고 사람들의 삶을 변화시키고 있다.[159]

찰스 클락 선교사도 이러한 철저한 교리 전도에 대해 다음과 같이 증거하였다.

> 한국에서 북 장로교의 선교를 처음 시작할 때부터 선교사들은 그들의 가르침에 있어서 인간의 죄성, 죄를 벗어야 할 필요성, 오로지 그리스도의 피로서 구원 얻는 것에 대해 강력히 강조했다.[160]

이렇게 교리적인 가르침을 전도의 수단으로 삼은 것은 이것을 죄인을 회심시키는 유효한 수단으로 보았기 때문이다.[161] 그래서 일찍이 북 장로교 선교사들은 그들의 전도 사역의 수단으로 매우 교리적인 전도 책자를 만들어 사용했는데 그것들은 "성교촬리"(1890), "상제진리"(1891), "중생지도"(1893), "장원량 우상론"(1894), "천로지귀"(1894), "구세진주"(1895), "덕혜입

---

159. 전같서, p. 226.

160. Charles Clark, Fifty years of mission organization principles and practice, 북 장로교 50주년 기념회의 보고서, p. 56.

161. W. D. Reynolds, Christian Literature for Korea, *The Korea Field*(1904), pp. 202-203.

문"(1897) 등이었다. 이러한 전도 책자들은 매우 교리적이고, 수준이 높은 것들이었다. 이들 대부분은 죄에 대한 강해, 구원, 죄를 미워하는 것, 진정한 회개, 성령의 역사, 하나님을 공경하는 법에 관한 것이었다. 특히 "장원량 우상론"과 같은 경우는 17세기에 뉴잉글랜드 청교도 선교사였던 존 엘리엇의 아메리칸 인디언을 위한 전도 책자인 인디언 대화[162]와 그 형식과 내용 면에서 매우 흡사하다. 이는 매우 교리적인 것을 '대화' 라는 문학적 형식을 사용하여 쉽게 전하였다. 이들 전도 책자들 중 거의 대부분이 영국 회중 교회의 중국 선교사였던 그리피스 존(Griffith John)의 중국어로 된 책자들을 한글로 번역한 것들이다. 그는 칼빈주의 신학자였으며, 청교도와 부흥의 유산의 배경 속에 있는 웰시 사람(Welshman)[163]이었다.[164] 따라서 북 장로교 선교사들은 신학적으로 그의 책 대부분을 번역하여 사용했다.

결국 청교도 신학에 근거한 회심을 위한 전도와 영적 대각성의 유산으로서의 철저한 교리 전도는 1890년 중반을 넘어서면서 그 효과들이 나타나기 시작했다. 즉 1897년을 기점으로 해서 부흥의 조짐이 보이기 시작한 것이다. 북 장로교 해외 선교부 총무였던

---

162. John Eliot, *Indian Dialogue*, 1980년 재판.
163. Welsh 지방은 1859년과 1904년에 부흥을 체험했다.
164. Noel Gibbard, *Griffith John : Apostle to Central China*(Bryntirion Press, 1998), pp. 47-53.

로버트 스피어는 1898년, 이 효과에 대해 이렇게 기록하고 있다.

> 진정한 영적 운동이 일어나고 있습니다. 죄와 그리스도를 통한 구원에 대한 사상들이 한국 그리스도인들의 주된 사상이 되었습니다. 그들 대부분이 자신들의 영적 체험에 대해 이러한 말로 즉시 나에게 설명하였습니다. 왜 기독교를 받아들였냐는 질문에 대해서 거의 모두가 이렇게 대답했습니다. "나의 죄 때문이다." "예수는 하나님의 아들로서 유일하게 우리를 죄와 지옥으로부터 건질 수 있다." "그리스도는 우리가 의지할 유일한 분이다." "우리의 심령은 연약하고 주의 계명을 읽을 때 걱정되는데 우리가 그것들을 만족시킬 수 없기 때문이다. 그러나 주 예수 안에서 우리는 안전하다."[165]

이상에서 살펴본 바와 같이 북 장로교 선교사들의 전도 사역의 목표는 청교도의 마음 종교와 철저한 교리적 가르침을 수단으로 해서 회심을 얻기 위한 것이었는데, 이것은 교회에 위선자나 거짓 고백자가 생기지 않게 하고 그리스도의 빛을 강력하게 비추는 교회를 한국에 세우기 위한 것이었다. 그러나 북 장로교 선교사들은 이렇게 청교도 신학을 그들의 전도 사역에 적용하는 것으로 끝나지 않고 교회 사역에서도 계속 이어나갔는데 이는 전도 사역을 뒷받침해 줄 뿐만 아니라 장차 한국 전역을 복음

---

165. Robert Speer, *Report on the mission in Korea of the Presbyterian Board of Foreign Missions*(New York, 1898), p. 9.

화할 수 있는 교회를 설립하고자 하는 취지에서였다.

2. 교회 사역

16-17세기에 영국에서 일어난 청교도 운동이 경건 회복 운동으로 시작해서 결국은 교회 개혁까지 이루려 했던 것처럼, 또 영적 대각성이 참된 구원의 지식을 전함으로써 경건과 교회의 개혁을 꾀하려 했던 것처럼, 북 장로교 선교사들은 전도 사역으로부터 시작해서 교회 사역을 통해 한국 교회가 경건의 능력을 소유하며 장차 한반도를 복음화할 수 있는 강력한 교회가 되기를 원했다. 따라서 북 장로교 선교사들의 교회 사역은 청교도 신학과 영적 대각성의 신학적 유산에 뿌리를 두고 있었다. 구체적으로 말하면 교회 회원의 요건, 세례받는 요건, 끊임없는 안식일 준수의 강조, 교회의 징계 사역들이 바로 청교도 신학에 근거를 두고 있었다.[166]

(1) 교회 회원의 요건

청교도들의 선교 원리와 방법 중에서 복음을 듣고 믿기로 결정한 전도 대상자들을 교회 회원으로 받아들이는 요건과 그 제

---

166. Solberg, 1977.

도는 매우 중요했다. 이것에 대해서 청교도 선교 신학자 시드니 루이는 말하기를 "선교지에서 교회의 정결함을 유지하는 것이 매우 어려운 일인데, 그것은 교회의 소명과 사역에 결정적으로 중요한 것으로 특히 교회 회원의 자격 요건을 높이 유지하느냐 못하느냐는 교회가 사느냐 죽느냐와 같은 것이다"라고 했다.[167]

북 장로교 선교사들은 이 원리를 특히 네비우스 선교사의 방법을 따라 한국에서 더욱 확실히 실천하였다. 즉 학습교인 제도를 두어서 학습교인이 되기 전의 그룹, 학습교인 그룹, 세례교인, 이렇게 세 부류로 나누었다. 학습교인 제도는 세례를 위해 준비하는 반인데 북 장로교 선교사들은 이러한 과정을 통해 진정으로 회심했는가를 살폈다. 그래서 교회 회원(세례교인)이 되기 위해서는 학습교인이 되어야 했고 엄격하고 까다로운 세례문답을 거쳐야 했다. 더욱이 학습교인으로 받아들여지기 위해서는 최소한 3개월의 주일학교 출석 기록과 예배 출석 기록이 있어야 했고, 이교적인 관습들을 버린 증거가 있어야 했으며, 죄의 고백과 그리스도를 받아들인다는 고백이 있어야 했다.[168]

실제적으로 회중 앞에서 학습교인으로 받아들여질 때도 문답이 있었는데 죄를 아는 증거에 대해서 물었고, 하나님께 예배하

---

167. Sidney Rooy, *The Theology of missions in the Puritan Tradition*(Delft, 1965), p. 281.
168. Samuel Moffett, 북 장로교 선교 25주년 기념 강연, p. 24.

기 원하는가, 그리스도를 구주로 영접했는가, 그리스도인의 삶을 살겠는가에 대해서 질문했다.[169] 네비우스는 이렇게 받아들인 학습교인들을 6개월에서 2년 동안 교리 교육을 시켜야 한다고 말했다.[170] 이렇게 철저히 훈련하고 확인하고 그들의 영적 상태를 감독받은 학습교인들이 세례를 받고자 할 때는 또다시 세례 후보자에 대한 문답을 하였다.

학습교인은 최소한 6개월을 교육받은 후 세례를 위해 문답에 참가할 수 있었는데 이러한 세례문답에서 북 장로교 선교사들과 한국인 교회 지도자들은 세례 후보자들이 신실하고 생동감 있는 믿음이 있는가의 여부와 세례 후보자들의 삶 속에서 성령의 역사와 그 증거들이 있는지를 확인하였다. 세례 후보자들을 향한 문답들은 매우 철저하였다. 로버트 스피어는 이것에 대해 다음과 같이 기록하고 있다.

> "왜 세례를 받으려는 마음을 가졌습니까?" 세례 후보자는 대답했다. "전에 나는 예수를 몰랐습니다. 그러나 지금 나는 예수를 믿습니다. '왜'라고 물으셨죠? 나의 수많은 죄 때문입니다. 나는 수많은 죄를 지었습니다." "어떤 죄들입니까?"…"안식일을 잘 지키고 있습니까?" "나는 학습교인이 된 이래로 잘 지키고 있습니다."

---

169. Samuel Moffett, Policy and Methods in Evangelization of Korea, *The Korea Field*, 1904, p. 195.

170. Charles Allen Clark, *The Nevius Plan for Mission Work*(CLS, 1937), p. 33.

"왜죠?" "왜냐하면 이 날은 거룩한 날이기 때문입니다." "어떻게 당신은 죄 용서함을 받은 것을 알 수 있습니까?"…"혹 첩이 있은 적은 없습니까?"…"술은 마시지 않습니까?"…"조상 제사를 완전히 포기했습니까?" "조상 제사를 드리는 날 당신은 무엇을 합니까?"[171]

이러한 질문들을 한 이유는 세례 후보자의 영적 상태를 살피고 구원에 대한 지식과 그 체험을 확인하기 위함이었다. 때때로 후보자들이 그 가정에서 유일하게 믿음의 도를 시작한 자이거나 아직 결혼하지 않아 여러 가지 유혹에 빠질 수 있는 상황에 있을 경우에는 세례를 유보하기도 했다. 다니엘 기포드는 이러한 상황을 묘사하기를 마치 본국(미국)의 노회에서 젊은 목회자들에게 강도권을 주기 위한 심사와 같았다고 진술했다.[172] 세례 후보자들이 그 문답에서 만족할 만한 결과를 보였을 때만이 세례를 받고 교회 회원이 될 수 있었으며, 만약 만족스럽지 못한 결과가 나왔을 때는 세례 후보자들이 진리를 온전하고 확실히 이해할 때까지 세례받는 것이 미루어졌다. 때로는 먹고 입는 것에 대해 너무 걱정하여 영적으로 무뎌져서 진리에 대한 열심과

---

171. Robert Speer, *Report on the mission in Korea of the Presbyterian Board of Foreign Missions*(New York, 1898), pp. 14–15.

172. Daniel Gifford, *EveryDay Life in Korea*(Student Missionary Campaign Library, 1898), p. 142.

갈망이 없는 경우에도 세례가 거절되고 계속 학습교인으로 있을 것을 권면받았다. 또 첩을 두고 있거나 본인이 첩인 경우에도 세례를 받을 수 없었다. 한 예로, 어느 마을 관리의 첩인 한 여인이 영적 무지에서 눈이 열려짐으로 세례를 받고자 했으나 거절당하였다. 그 이유는 아직도 그녀가 첩 생활을 지속하고 있었기 때문이었다. 그래서 그녀는 교회와 그리스도를 위하여 그 관리로부터 떠나 첩 생활을 청산할 것을 권고받았다.[173]

이렇게 철저히 문답을 한 이유는 진실한 회심과 진정으로 거듭난 자로서의 삶의 분명한 증거인 경건을 확보하기 위함이었다.[174] 세례문답을 통과한 후 세례를 받기 바로 직전 이들은 한국 교회의 규칙을 회중 앞에서 동의 서약해야 했는데 이것은 그들이 예수를 믿는 삶을 살며 세상적인 삶을 멀리한다는 서약이었다. 이렇게 철저한 과정을 통해 교회 회원이 될 수 있었으므로 교회 회원이 된(세례교인이 된) 이들은 교회의 지체가 된 것에 대한 자부심이 대단했고 교인이 된 책임에 대해 매우 높은 생각들을 가졌다. 그래서 세례교인들은 더욱 열심으로 교회에서 봉사했고 주일 예배 후 오후에는 전교인의 3분의 1 이상이 노방전도를 하고 집집마다 찾아가 전도하였다.[175] 브라운 총무도 이

---

173. F. S. Miller, The Neglected Provinces of Korea, *The Korea Mission Field*(1906), p. 193.

174. 1894년 연례보고서.

것에 대하여 논평하기를 "이 세상에 이렇게 높은 비율의 교인들이 기도하고 성경을 연구하고 모든 경건한 봉사에 참여하는 곳이 없다"고 격찬했다.[176]

이처럼 북 장로교 선교사들이 세례를 베푸는 데 있어 매우 신중하고 엄격했던 것은 그들의 전도 사역을 뒷받침하는 하나의 교회 사역이기도 했으며, 청교도 전도 신학의 전통을 이어받았기 때문이기도 했다.[177]

(2) 주일 성수

선교지에서 주일 성수의 강조는 북 장로교의 해외선교의 중요한 원칙 중 하나였다. 특히 중국과 한국에 대한 선교 정책에서 주일 성수 강조는 네비우스 선교 정책의 중요한 부분이었다. 존 네비우스는 이 원리에 대해서 다음과 같이 말했다.

> 엄격한 안식일 성수를 유도하는 것은 중국에서 이곳(산동)보다 어려운 곳은 없는 것 같다. 우리 선교부는 이 주제에 대해 확고한 기

---

175. James Gale, *Korea in transition* (Nashville, 1907), p. 192.
176. Arthur J. Brown, *The Mastery of the far east* (New York, 1919), p. 540.
177. 17세기 뉴잉글랜드에서 아메리칸 인디언들에게 복음을 전했던 선교사 존 엘리엇은 인디언에게 세례를 베푸는 데 12년이 걸렸다. 이러한 신학적 전통이 그 배경이며 존 네비우스가 이것을 원리화하였다.

반을 가지고 있다. 우리는 안식일이 유대인의 법으로서의 날이 아니라 모든 시대의 모든 사람, 모든 곳을 위한 제정으로 간주한다. 우리는 이것이 십계명에 있어서 다른 계명과 똑같은 권위를 가지고 있다고 믿으므로 주를 위해 한 날을 거룩히 지키는 것은 십계명의 다른 계명을 지키는 것과 같이 연결되어 있다. 십계명은 다시 고지된 신적이며 우주적이며 영원한 법이다. 이것은 결코 폐지될 수 없으며 이것을 준수하는 것은 교회가 번성하는 것과 불가분의 관계이며 교회의 영적 상태를 알려주는 지표이다.

이와 같은 네비우스의 말들은 청교도 신학에 근거한 것이다.[178] 한국의 북 장로교 선교사들은 네비우스와 마찬가지로 한국 장로교회에서 구체적으로 어떻게 주일 성수를 해야 하는가를 가르쳤다. 그 가르침의 한 부분이 그리스도 신문에 실렸다.

둘째는 주일에 못할 일을 기록하나니 주일에는 엿새 동안에 자기를 위하여 하든 것을 이야기 하기가 쉽고 아니하기가 어려워도 마땅히 폐할 것이오 주일에 친구든지 다른 사람이든지 서로 만나면 예수께서 너희를 구속하여 주신 주가 되시는 이야기를 주장하는 것이 옳은지라 이렇게 하면 마음이 반드시 기쁘고 즐거울 터이요 이뿐 아니라 부모된 이는 제 자녀들을 잘 가르치되 밖에 나아가서 다른 사람들의 자녀들과 같이 장난하지 못하게 금하고 또 무슨 실과나 무슨 음식을 사먹지 말게 하며 또 그 자녀들을 데리고 함께 예배 본

---

178. 실제로 본인 자신도 프린스턴 신학교 재학 시절 철저히 안식일을 지키며 경건생활을 했고 심지어 토요일 저녁부터 주일을 준비했다.

후에 방에 있어 교회에서 들은 말씀과 신구약 성경에서 본 말씀을 심사 묵량하야 부모가 그 뜻을 자녀들에게 분명히 가르치고 예수를 더욱 사랑하게 하는 것이 옳은 것이오 혹 글 모르는 부모가 되어 할 수 없다 하지 말라 만일 너희가 예수의 흘린 피를 생각하거드면 밤마다 언문을 좀 공부하여 알도록 배우는 것이 과히 어렵고 할 수 없는 일인 줄로 아는 사람이 있느뇨 그렇지 않은지라 죄 사함을 얻고 감사하는 마음이 있는 사람은 못할 것이 아니라 진서를 배우려 하면 갑자기 어렵거니와 언문 배우기는 쉬운 것이니 핑계할 것이 없느니라 언문을 알아보게 되면 능히 신약전서 번역한 성경을 볼 것이니 온 집안 식솔에게 예수의 말씀을 가르칠 수도 있을지라 이것이 요긴한 것이오(그리스도신문, 1897년 5월 27일자).

이러한 엄격한 주일 성수는 한걸음 더 나아가 믿음의 증거의 기능을 하였다. 그 예로 평양과 선천에서는 많은 가게가 주일에 문을 닫음으로, 더욱이 5일장이 되는 주일날에도 문을 닫음으로 불신자들은 그 연유를 묻게 되었고 그로 인해 그들은 복음을 들을 기회를 가졌다. 그래서 이것은 한국 장로교회의 생동적인 부분이 되었는데 주일을 지키는 자는 교인이고 그렇지 않으면 불신자인 구분이 뚜렷했다.[179] 이러한 효과에 대해서 로버트 스피어 총무는 본국의 청교도 정신이 그대로 이어지고 있다고 평가했다.[180]

---

179. Clara Bruen ed., *Forty Years in Korea*(Atlanta, 1988), p. 116.
180. Charles A. Clark, *The Nevius Plan for Mission Work*(CLS, 1937), p. 128.

북 장로교 선교사들의 이러한 주일 성수 강조는 청교도 신학과 경건을 강조하고 부흥과 영적 대각성을 체험한 것에서 비롯된 것이다. 즉 북 장로교 선교사들의 주일 성수에 대한 엄격한 강조는 영혼을 깨우기 위한 수단, 교회의 경건을 유지하려는 수단이었다. 또한 북 장로교 선교사들은 이교도의 성향이 강한 선교지에서 주일 성수를 강조함으로써 하나님을 아는 영광의 빛을 비추고자 했다.[181]

그러나 이러한 그들의 선교 원리를 놓고 바리새파적 율법주의라는 비난이 있었다. 이러한 비난에 대해서 선교사들은 다음과 같은 변증을 했다. 스탠리 솔타우는 말하기를 "주일 성수는 내적인 믿음의 분명한 증거일 뿐 아니라 교회에 헛된 고백자들이 넘치는 위험과, 복음을 타협하려는 위험으로부터 보존시킬 수 있는 것이다"라고 했으며,[182] 사무엘 모펫도 "영적으로 각성된 자는 주일을 거룩하게 지키는 것이 부담스러운 것이 아니다"라고 말했다.[183]

이러한 선교사들의 변론 가운데서 우리는 그들이 율법적이 아

---

181. 직접적으로 청교도들의 주일 성수 모습을 담은 책, *The Sabbath in Puritan New England* by Alice Morse Earle(1891)을 참조.

182. Stanley Soltau, *Korea: The Hermit Nation and Its response to Christianity* (World Dominion Press, 1932), p. 41.

183. Samuel Moffett, Missionary Life and Service, 북장로교 선교 50주년 기념 강연, p. 43.

니라 영적이라는 사실을 발견할 수 있다. 즉 청교도 신학의 중요한 요소 중 하나인 율법에 대한 신학적 해석인 것이다. 율법은 거듭나지 않은 자에게는 성령의 역사 가운데 죄를 깨닫게 하고 질책하는 역할을 하며 이미 거듭난 자에게는 성령의 영향 가운데 거룩하게 하는 성화의 수단이 된다. 바로 이러한 신학적 입장을 북 장로교 선교사들은 견지하고 있었다. 오히려 선교사들의 율법에 대한 태도를 율법주의자라고 비난하는 자들은 그들 스스로가 율법폐지론자들임을 증명하는데, 이들은 은혜의 시대에는 율법(혹은 도덕법)이 소용없다고 생각한, 매우 육적인 자들이었다.[184] 이들은 신학적으로 율법의 도덕적 의무가 지속적인 것을 거부하고 개혁주의와 청교도의 원리인 성화가 구원에 포함되는 것과 성화가 칭의의 증명인 것을 거부하였다.

 따라서 북 장로교 선교사들이 엄격한 주일 성수를 강조함에 따라서 율법주의자로 보일 수 있지만, 율법을 지킴으로써 구원을 얻고자 하는 율법주의자들과는 거리가 매우 멀다.

---

 184. 청교도 신학에 반대하는 자들로서 영국에서 16세기 후반에 나타나기 시작했고 아메리카 대륙에서는 1636-1638년 앤 허친슨이 뉴잉글랜드 목회자들의 설교를 비판하면서 극성을 부렸다. 또한 제1차 영적 대각성 때 도덕률폐기론자들이 조나단 에드워즈를 반대하면서 부흥의 불을 끄려고 했다.

(3) 교회에서의 징계

주일 성수의 강조와 함께 교회에서의 징계의 시행은 존 네비우스의 원리로부터 직접적인 영향을 받았다. 존 네비우스는 징계의 시행이 교회를 위하여 반드시 필요한 것이라 말했다.[185] 이러한 징계의 시행을 통해 북 장로교 선교사들은 위선자들과, 단지 입술로만 신앙 고백하는 자들에게 회개의 기회를 주고 더 나아가서는 교회를 거룩하고 정결하게 보존하려 했다. 징계의 시행은 선교사들의 전도 사역과 학습교인 제도를 더욱 뒷받침하였다.[186] 왜냐하면 이는 죄의 구습을 그대로 가지고 믿음의 길을 갈 수 없음을 확고히 해서 믿음의 도가 죄를 벗는 도일 뿐 아니라 거룩한 생활의 도인 것을 교회의 내부와 외부에 증거했기 때문이다. 특히 학습교인에게는 반드시 죄된 삶을 버려야 한다는 것과 세례 이후에도 그러한 죄가 다시 힘을 얻지 못하도록 힘쓰며 죄를 미워하고 죄와 싸워야 한다는 책임을 인식하게 했다.

북 장로교 선교사들이 특히 주의를 기울여 징계를 시행한 교인들의 죄는 비정상적인 혼인, 술 취함, 술을 판매하는 것, 흡연, 주일을 거룩하게 지키지 않는 것 등으로, 이러한 것들은 아직도 그들이 세상 가운데 있다는 증거였다. 찰스 클락(곽안련) 선교

---

185. 존 네비우스 전갈서, p. 48.
186. 로버트 스피어 전갈서, p. 17.

사는 이러한 징계의 시행 원리에 대해 다음과 같이 말했다.

> 징계는 공공연한 큰 범죄를 저지를 때는 물론 주일을 무시하거나 성경공부 및 공적 예배를 소홀히 할 때도 시행되어야 한다…징계에는 여론의 찬동이 있어야 한다. 처음에는 권면과 충고의 형태로 실시되어야 하며 이어 공식적인 심문, 그리고 필요한 경우 직분 정지도 시행되어야 한다. 정지 기간이 지난 후에도 회개가 없다면 당사자는 출교되어야 한다.[187]

이러한 징계가 교회 직원에게는 더욱 철저했다. 물론 선교사들은 징계당한 자들이 회개하도록 유도하였다. 이렇게 교회의 순결을 지키려고 애썼던 것은 교회가 세상적이지 않고 경건을 유지하게 하기 위함이었다. 또한 교회가 경건해야 복음의 능력을 발휘하여 한국의 복음화를 이룰 수 있고, 복음이 타협되는 것을 막을 수 있었기 때문이다. 이러한 북 장로교 선교사들의 징계의 시행은 17세기 뉴잉글랜드에 청교도 신학이 심어진 이후에 18-19세기의 영적 대각성들과 대부흥을 통해 북 장로교 교단 내에 계속 견지되어 온 것이다.

---

187. 곽안련 저, 박용규, 김춘섭 역, 한국교회와 네비우스 선교정책(대한기독교서회, 1994), p. 37.

3. 사회 개혁 운동

북 장로교 선교사들의 사회 개혁 운동은 청교도 사상의 중요한 사회 윤리인 "공동 정신"에서 비롯된 것이다.[188] 청교도의 "공동 정신" 사상은, 17세기 뉴잉글랜드로 이주해 온 청교도들이 공동체 모두에게 유익을 주는 정직하고 의로운 사회 건설을 하나님의 사명으로 이해하고 추구한 이래로 사회에 깊이 뿌리 내린 사상이다.

이러한 사상이 북 장로교 선교사들에게는 더욱 영적으로 적용되었다. 더욱이 북 장로교 선교사들은 "심령을 살피는 사역"(Searching Heart)이 신학적 전통으로 내려왔기 때문에 사회의 어두운 면을 영적으로 해석해서 그것을 개혁하려고 했다. 따라서 북 장로교 선교사들이 주도한 사회 개혁 운동은 보다 영적인 원리에서 출발하였고 그것은 축첩제도 폐지, 금주, 금연, 아편,

---

188. 이것의 이론적, 신학적 기반은 잉글랜드 청교도인 윌리엄 퍼킨스(William Perkins), 윌리엄 에임스(William Ames)가 마련하였는데, 직업 혹은 소명(Vocation or Calling)이란 어떤 특정한 삶의 종류로서 하나님에 의해 각 사람에게 정해졌는데 이것은 공동의 유익을 위해서라는(The Works of William Perkins, Vol. 1: 750) 명제로 시작한다. 이것은 1630년 이후 주지사 존 윈드롭(John Winthrop)에 의해 뉴잉글랜드의 새로운 경건한 공동체 건설의 이념이 되어 미국의 정치, 경제, 사회의 질서의 원리가 되었다. 또한 그 당시 인디언 선교사로서 이것을 인디언 사회에서 직접 실천했던 존 엘리엇은 이 원리를 책으로 펴냈다. 따라서 영국의 신학자 피터 툰(Peter Toon)은 청교도의 사회개혁 특성에 대해 이렇게 말한다. "The need for reformation at national, local and domestic level by means of legislation, catechising, religion in the home and fervant prayer and fasting.", *Puritans and Calvinis*(Reiner Publications, 1973), p. 10.

도박을 금하는 것들이었다. 예를 들어 축첩제도는 어둠의 뿌리일 뿐 아니라 그리스도의 의의 빛을 막는 것으로 보았으며,[189] 간음죄이자 부도덕한 것이고, 사회를 타락시키는 질병과도 같은 것이기 때문에 반드시 개혁되어야 할 것으로 보았다.[190] 이러한 사회적, 도덕적으로 쇠약한 상황 속에서 사람들의 음담패설도 북 장로교 선교사들이 개혁해야 할 사회 문제 중 하나였다. 따라서 선교사들은 그리스도 신문 1901년 4월 11일자에서 "음담패설을 금할 론"이란 제목하에 다음과 같이 말했다.

> 지금 우리나라 사람들의 가장 먼저 고칠 일은 음담패설이니 상하를 물론하고 사람 모인 곳에 항상 더럽고 음란한 말이 란만하여 서로 부끄러운 줄도 모르고 체모도 돌아보지 아니하며 소위 맹세한다는 욕설을 들으면 입에 담을 수 없고 귀에 듣기 병 될 말이라.

북 장로교 선교사들에게 있어서 술 또한 개혁되어야 할 사회 문제였다. 그래서 선교사들은 금주 운동을 선교 초기뿐만 아니라 1920년 이후에도 계속 벌였다. 선교사들은 "술을 금하는 론"에서 금주의 이유를 다음과 같이 설명하고 있다.

---

189. W. L. Swallen, Polygamy and the Church, *The Korean Expository*(1895년 8월호), p. 294.
190. William B. Baird, Should Polygamists Be Admitted to the Christian Church, *The Korean Expository*(1896년 9월호), p. 261.

슬프다 술을 먹음으로 육신이 병들고 영혼이 주리는 데 크게 관계가 되는 줄은 모르고 오히려 칭탁하는 말이 한두 가지가 아니로다 배가 아플 때에 공연히 약이 된다고 마시며 친구를 만날 때 반갑다고 마시며 꽃 피고 달 밝을 때에 흥치가 난다고 마시며 분할 때에 분하다고 마시며 슬플 때에 슬프다고 마시며 취한 후에 일어나서 해장한다고 마실새 일배 일배에 그칠 날이 없으니 어찌 개탄하지 아니하리오…술이 사람의 덕을 해롭게 함이 심하고 또 술이 대단히 사람에게 해로운 것은 술을 먹으면 음식이 잘 소화하지 못하고 우경에 뇌피가 음식에 눌려서 붉은 피와 진액을 내지 못하고 식물이 굳어져서 우경이 상하며…술이 사람에게 해로움이 대개 이러하오니 술을 좋아하시는 이는 깊이 생각하시오(그리스도 신문, 1906년 4월 5일자).

북 장로교 선교사들은 담배와 아편에 대해서도 그 사람에게 해가 됨을 자세히 설명하고 금하면서 사회적 운동으로 이끌어 갔다. 이 외에도 양반제도 철폐, 백정들을 위한 인권 운동도 하였는데 이는 누구나 평등하게 창조되었다는 청교도의 "공동 정신" 사상에 근거한 것이었다. 특히 양반제도 철폐 운동을 이끌었던 선교사는 사무엘 무어(Samuel F. Moore)였다.[191] 이뿐 아니라 북 장로교 선교사들의 사회 개혁 운동 가운데 빼놓을 수 없는 것이 있는데, 이는 "위생 환경 청결 운동"이었다. 그리스도 신문

---

191. 대한예수교장로회 백년사(대한예수교장로회 간), pp. 123-125 참조.

1906년 1월 4일자에 실린 기사를 보자.

대저 사람이 오래 목욕을 아니하면 더러운 기운과 냄새가 땀구멍으로 스며들어가서 풍증과 습증이 나기가 쉬운 것이오 거처하는 방이 좁고 벽이 더럽고 탁자와 상에 때가 끼되 씻기를 생각지 아니함으로 파리는 꼬이고 더러운 기운이 사람에게 핍박하며 또 돼지 우리와 뒷간을 방문 밖에 가까이 두며 개와 닭의 똥이 마당에 가득하여 발 놓을 틈이 없으며 또 길가에 수도를 닦지 아니하고 또 물을 임의로 버려서 썩은 거름이 막히게 하고 또 와륵과 조약돌을 임의로 버려서 문 밖의 언덕을 이루되 쓸지 아니하여 사람이 이런 곳을 지나갈 때에는 불가분 눈썹을 찡그리고 코를 막으며 또 삼가지 아니하면 혹 그 독한 기운을 만나니 그러함으로 대도회 사람 많은 곳에 곽난과 온역과 악창들이 자주 나는 것은 다 이 까닭이라 안과 밖을 청결치 아니하면 나만 해로울 뿐 아니라 남에게까지 해가 미치나니 그리함으로 사람이 많이 사는 곳에는 일정한 규칙을 세워 수도를 통하게 하며 더러운 물건은 함부로 버리지 못하게 금하되 규칙을 어기는 자는 벌을 주고 방안과 기명을 정쇄히 쓸게 하여 더러운 물건은 곳 멀리하면 원락이 깨끗하여지고 방옥이 명랑하여져서 한 새 세계가 되어 사람마다 병을 밧지 아니하나니 어찌 좋지 아니하리오 이러하면 자기 몸에만 유익할 뿐 아니라 곳 자손들이 마음과 행실을 닥는 대로 크게 관계가 되나니 안과 밖을 이같이 정결케 하면 아이들이 이문 복견에 습성이 되어 정결한 마음이 천성으로 나와서 노름방이나 술집이나 더러운 땅이나 악한 지경에는 그 정결한 마음으로 들어가기를 싫어하리니 이 정결함이 사람에게 얼마나 유익한가 생각하옵시다 통이 말하면 밖을 보면 안을 아는 것이오 열매를 보면 나무를 아는 것이라.

이러한 사회 개혁 운동을 벌이면서 북 장로교의 초기 선교사들은 한국의 정치적 상황에 전혀 무관심하거나 그것을 무시하지 않았다. 그들은 한국이 그 당시 국가적 위기 상황에 처해 있었음을 파악하고 있었으며 이것에 대해 그들의 견해를 펴기도 했다. 한국의 독립에 대한 그들의 견해를 다음과 같이 그리스도 신문에 기재하였는데, 청교도들의 사회 윤리 사상이 그대로 나타나 있다.

> 세계 각국이 다 독립하는 것이 여러 가지 이치가 있으니 독립하는 기회도 있고 독립하는 이치도 알고 독립하는 것을 지키는 힘도 있는지라 몇 해 전부터 일본이 청국과 서로 싸움하는 기회가 있어서 우리 조선이 독립하는 기회를 얻었는데 독립한 것을 잘 지키는 힘이 있어야 할 것이라 나라가 독립하는 권리를 가졌을지라도 만일 백성이 독립하는 것을 귀중히 여기지 아니하고 독립하는 것을 잘 지키지 못하면 도리어 독립하지 아니한 것만도 못할지라 대개 아무 나라든지 독립 자주하는 권세는 임금에게 있을지언정 그 독립 자주하는 이력은 백성에게 있나니 우리 조선으로 비할 지경이면 나라에서 독립하는 권리를 이웃나라에서 얻었으니 백성들이 각각 자기의 독립한 것을 귀중히 여기어 잘 지키는 힘이 있어야 할 터이어늘 짐작건대 조선 인민들이 생각하기를 독립하는 권세를 이웃나라에서 얻었으매 지키는 힘도 이웃나라와 이웃사람에게 얻는 줄로만 알고 각각 자기의 독립지력을 힘쓰지 아니하며 층왈 개화라 하며 층왈 완고라 하니 그 전에는 여간 양반이라 하는 사람들이 사색편론을 각각 주장하고 백성은 다 일체로되 능히 독립치 못하더니

다행이 인국에서 독립하는 기회를 얻었으나 그 전보다 더 백 배나 더 양반과 백성이 다 개화와 완고 편당이 있으니 어찌 일심이 되어 나라를 위하여 독립하는 이력을 힘쓰리오 그런고로 지금 조선이 연약한 모양도 있고 외국 사람들이 경히 보는 모양도 있는지라 그러나 오늘부터라도 백성이 마음을 고쳐 독립하기를 힘쓰면 비록 내일 강악한 도적을 만나 망할지언정 오늘 밤중까지는 독립하는 나라 이름을 잃어 버리지 아니할지라(그리스도 신문, 1897년 8월 6일자).

이외에도 북 장로교 선교사들은 학교와 병원을 세웠으며 그리스도 신문을 발행하여 전 세계에서 일어나는 일들을 알렸고 농사 짓는 법과 과목 기르는 법(농리 편설), 기계를 만들고 다루는 법과 물건을 제조하는 법(공장 편리설), 가축 기르는 법과 지구 과학 등을 기재하여서 민간을 계몽하고자 했다. 이처럼 사회 개혁에 있어서도 북 장로교 선교사들은 보다 적극적으로 활동하였다. 이러한 모습은 인도에서 영국 선교사들이 카스트 제도를 개혁하려다 실패한 것, 그리고 아프리카에서 중첩제도를 개혁하지 못하고 인정한 것과 분명한 대조를 이루는 것이다.

결론

북 장로교의 청교도 신학은 한국에 와서 이루어진 그들의 전도 사역에서 먼저 뚜렷히 나타났다. 그들은 복음을 듣는 자가 온전히 회심하도록 인도했으며, 진정한 회개와 행함이 있는 믿음이 나타나도록 하였다. 이렇게 함으로써 위선자를 경계하고 거짓 고백자나 쉽게 믿고 입술만으로 고백하는 자들이 없도록 했다. 북 장로교 선교사들의 교회 사역 역시 청교도 신학에 근거해서 학습제도와 주일 성수를 매우 강조하고 징계를 시행하였다. 이는 전도 사역을 더욱 뒷받침하였다. 이뿐 아니라 이들은 청교도 신학에 뿌리를 둔 사회 개혁 운동에도 힘을 기울였다.

영적 황무지와 같은 한국에서 이렇게 강력한 청교도 신학과 신앙에 근거한 사역은 쉽지 않은 것이었다. 그럼에도 불구하고 선교사들은 밭을 가는 농부와 같이 쉬지 않고 수고하였고 하나님께서 열매를 주실 것이라는 소망을 가지고 일했다.[192]

---

192. 이에 대해서 J. I. Packer는 다음과 같이 말한다. "Puritanism was essentially a movement for church reform, pastoral renewal and evangelism, and spiritual revival; and in addition—indeed, as a direct expression of its zeal for Gos honour." *A Quest for Godliness*(Crossway Books, 1990), p. 28.

청교도 신학과 한국교회의 대부흥
제4장

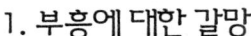

1. 부흥에 대한 갈망

북 장로교 선교사들은 청교도 신학에 근거한 전도 사역과 교회 사역을 감당하면서 부흥을 갈망했다.[193] 왜냐하면 부흥을 한국교회에 많은 회심자들과 경건을 가져다 줄 수 있는 가장 강력한 수단으로 보았기 때문이다.[194] 1894년에 사무엘 모펫도 사역을 시작하면서 부흥을 갈망했는데 선교사들의 경건한 사역[195] 위에 하나님께서 성령을 쏟아 부어 주실 것을 믿고 있었다.[196] 뿐만아니라 선교사들은 부흥의 필요성에 대해 한국의 성도들에게

---

193. 부흥과 영적 대각성과의 차이점은 단지 성령의 쏟아 부어 주심의 정도 차이인데, 연속적 부흥을 영적 대각성이라 부른다.

194. S. F. Moore, Early Missionary Method, *The Korean Repository*(1896), 3:93-99.

195. 청교도 신학을 근거로 한 부흥 사역을 이렇게 부른다.

196. 1894년 북 장로교 해외선교 연례 보고서.

직접 가르치기도 했다. 예를 들어 1902년 도티 선교사는 서울 여자 성경반에서 부흥을 위한 기도를 하도록 다음과 같이 가르쳤다.

> 추수의 주인 되신 주께서는 우리가 전혀 예상할 수 없을 정도로 이 백성들을 위한 계획과 목적을 가지고 계십시오. 이 도시의 하나님의 자녀들, 즉 지도자와 백성들을 위해 기도하십시오. 그래서 우리의 삶과 사역 속에서 우리가 성령의 능력으로부터 오는 지혜를 갖도록 말입니다. 또한 아직도 하나님을 모르는 수천의 사람들이 있습니다. 그렇지만 그들이 구원을 얻어 하나님이 영화롭게 되도록, 그들을 위한 하나님의 계획과 목적이 방해받지 않도록 기도하십시오.

이렇게 청교도 신학에 근거해서 회심자들과 교회의 경건을 산출하기 위한 그들의 사역은 지치지 않은 전도 사역과 문서 전도로 이어졌고 더욱 사역의 범위를 확장했다. 그래서 1893년까지 북 장로교 선교사들은 서울, 부산, 원산에 선교본부를 설치했다. 그리고 1894년에 평양에 선교 본부를 열었고, 1896년까지 2,000명의 학습교인, 236명의 세례교인, 73개의 미조직 교회를 얻게 되었는데, 이때 안수받은 선교사는 8명이었다. 1897년부터 북 장로교 선교부는 그들 사역에서 더욱 많은 열매를 얻는 전기를 맞게 되는데, 1898년 연례보고서는 이렇게 말한다.

하나님의 성령의 역사가 그 힘과 범위에 있어 결코 줄어들지 않았다. 오히려 그의 복된 에너지가 보다 풍성하게 나타나고 있다. 복음의 효과가 지속적으로 그리고 안정적이며 빠르게 그리스도를 믿는 자 안에서 보여지고 있으며 한국인의 많은 고백자들의 삶의 급진적인 변화는 의심의 여지가 없는 확실한 표식이다. 그들의 그리스도인의 성품으로의 성장은 분명하며 그들 모두는 예수의 함께하시는 능력과 그의 이야기와 사랑을 신선하게 증거하고 있다.[197]

한국을 방문한 로버트 스피어 총무도 증언하기를 "복음이 강력하게 사람들에게 영향을 미치고 있다"고 했다.[198] 따라서 북 장로교 선교사들은 이러한 영적 흐름이 부흥의 전조라고 해석하면서 선교사의 숫자를 늘리고 지방선교부 개설을 증설하면서[199] 하나님께서 주실 부흥을 준비하였다. 따라서 1900년에 들어서면서 북 장로교 선교사들은 죄의 질책, 진정한 회개와 회심, 거룩한 삶을 더욱 강조하고 교회에서는 징계의 시행으로 영적으로 부흥을 준비했다.

이렇게 준비한 이유는 부흥이란 갑자기 돌발적으로 일어나는 것이 아니라 많은 사람들이 상당한 기간 동안에 죄의 질책을 받고 그것을 해소하려고 애쓰는 가운데 일어나기 때문인데,[200] 미

---

197. 1898년 북 장로교 해외선교 연례 보고서, p. 153.
198. Robert Speer, p. 6.
199. 대구(1900), 선천(1901), 차령(1905)

국의 제1, 2차 영적 대각성도 그러했고, 1857-1858년의 대부흥도 경건한 목회자들의 상당한 준비가 있었던 가운데 하나님께서 주신 것이었다. 따라서 북 장로교 선교사들은 부흥을 갈망하면서 일하고 준비하였다. 이러한 상황 속에서 게일 선교사는 이미 1902년에 부흥이 더욱 가까이 왔음을 인지하고 있었으며,[201] 남 장로교 선교사 해리슨(W. B. Harrison)도 부흥이 임박해 왔다고 보았다(*The Korea Field*, 1: 101). 결국 그들이 갈망한 대로 1903년부터 각 지방별로 부흥을 맞이하게 된다.

2. 1903-1906년까지의 부흥들

북 장로교 선교사들의 사역 속에서 공식적으로 보고된 첫 번째 부흥은 1903년 2월 부산 선교부의 보고였다. 부산 선교부의 사이드보담(R. H. Sidebotham) 선교사는 시작 단계의 부흥을 보고했는데 1890년에 선교부가 개설된 이래로 1902년까지 만족스런 숫자적, 영적 성장이 없다가 1903년에 들어서 사람들이 기도회와 예배에 열심히 참석하면서 부흥의 역사가 시작되었음을 총회에 보고했다.[202]

---

200. Leonard Trinterud, *The Forming of an American Tradition*(Westminster Press, 1949), p. 77.

201. James Gale, Evangelistic Work in Seoul, *The Korea Field*(1902), 1: 49.

1903년 2월에 아더 웰본(Arthur Welbon) 선교사도 배천에서 10일 동안 있었던 성경 공부반에서 강한 성령의 나타나심으로 사람들이 죄로 인한 괴로움과 슬픔의 눈물을 흘렸으며, 하나님의 놀라운 사랑을 체험하고, 죄에 대해 보다 분명하고 무서운 결과를 깨닫는 새롭고 놀라운 체험들을 했다고 보고했는데,[203] 이역시 부흥이 시작되었음을 말해 준다. 계속해서 1903년 12월에 웰본 선교사는 강원도 순회 전도의 결과에 대하여 말하기를 복음이 들어간 지 3년밖에 되지 않았는데 영적 각성이 일어나서 마을마다 주일을 엄격하게 지키고 복음의 빛에 충성하고 있다고 보고했다.[204] 이는 부흥이 시작되었음을 말하고 그 불길이 더욱 세차게 번지기를 기다리는 단계를 말하는 것이었다.

1904년 1월 평양 선교부 역시 시작 단계로서의 부흥을 맞이하게 된다. 1902년 이래로 매년 1월에 신년 성경 공부반이 개설되었는데 아침에는 참석자 각자가 성경을 공부하고 오후에는 평양 시내를 조직적으로 다니며 가가호호 방문하여 전도책자를 배포하였고 저녁에는 집회를 열었다.[205] 이로 인해 저녁 집회에 수백 명의 불신자들이 참석해서 복음을 듣게 되고 도시 전체가 복음에 대한 응답이 보다 고조되었다.[206] 그래서 총회 연례 보고

---

202. 1903년 연례 보고서.
203. A. G. Welbon, Each the Chief of Sinner, *The Korea Field*(1903), 1: 101.
204. A. G. Welbon, Awakening Kang Won Do, *The Korea Field*(1904), 1: 180.

서에는 그 해에 선교 역사상 가장 많은 회심자를(1,436명) 기록하고 이러한 영적 움직임이 계속될 것이라고 말함으로써 부흥이 시작되었음을 알렸다.[207]

1905년 1월에도 평양 선교부는 성경 공부반을 개설하여 낮에는 심방전도를 하고 밤에는 성경공부를 열었는데 이로 인해 도시 전체가 복음으로 술렁이게 되었다. 로스(Cyril Ross) 선교사는 웨일즈에서 있었던 성령의 역사를 지금 우리가 만나고 있다고 증언했다.[208] 이러한 평양 부흥의 소식을 들은 대구 선교부의 부루엔(H. M. Bruen) 선교사는 "지금(1905년) 평양에서 일어나고 있는 부흥과 같은 복을 우리 대구도 받기를 소망한다"고 말했다.[209] 샤프 선교사 역시 부흥의 소식을 전했는데 1905년 1월에 을율 지방과 풍천 지방에 부흥이 일어나 복음에 무관심하

---

205. 전도 집회 자체가 부흥은 아니다. 이러한 집회 가운데 성령의 강하게 나타나심 혹은 쏟아 부어 주심이 일어날 때 부흥이라 할 수 있다. 따라서 이러한 집회 가운데 부흥이 일어날 수도 있고 안 일어날 수도 있는데 이것은 하나님의 주권에 달려 있다. 인간적으로 또는 인위적인 방법론으로 이러한 집회를 무리하게 인도해서 하나님의 주권 가운데 주시는 성령의 부어 주심을 어떤 감정적인 체험으로 대체하는 태도가 있었는데, 이를 부흥주의라고 한다. 북 장로교 선교사들은 부흥이 일어났을 때 이러한 부흥주의를 매우 경계하였다. 그래서 C. E. Kearns 선교사는 상투적인 부흥 방법론을 피해야 한다고 했으며(The Korea Mission Field, 2:226), 1907년 1월에 부흥이 고조에 달했을 때 선교사들은 이것이 혹시 감정적인 것은 아닌지 점검하였다(The Korea Mission Field, 3:1).
206. 이는 1857-1858년 뉴욕에서 대부흥이 시작되었을 때의 모습과 같았다.
207. 1904년 연례보고서, p. 200.
208. Cyril Ross, Causes for reporting, The Korea Mission Field(1906), 2: 44-47; The Korea Field(1905) 1: 241 참조.
209. Clara Bruen, 40 years in Korea(Atlanta, 1988), p. 107.

던 자들이 새로운 삶을 시작하고 교인들이 전도의 열이 붙었으며 불신자들이 복음에 대해 주의 깊게 듣는 성령의 역사하심이 있었다고 보고한다.[210]

이렇게 여러 지역에서 산발적으로 부흥의 소식을 보고하자 북장로교 선교사들은 더욱 부흥의 불길이 전국으로 번지기를 소망하며, 하나님께서 성령을 더욱 쏟아 부어 주시기를 기도하였다.

1906년 1월에 평양 선교부는 신년 성경 공부반을 개설하여 예년과 같이 전도와 집회를 병행했다. 그리하여 성령의 나타나심 가운데 수백 명이 복음에 대해 주의를 기울이고 그 동안 죄의 질책으로 인하여 영적으로 낮아진 영혼들이 회심을 경험하게 되었다. 그리고 이러한 불길은 지방 순회 지역까지 퍼지게 되었다.[211] 서울 선교부에도 같은 해 1월에 전도 집회를 열었는데 영적으로 각성하는 영혼들이 뜨겁게 자신들의 죄를 고백하고 새로운 삶을 시작하였다. 이러한 부흥은 2월까지 계속되었다.[212]

평양과 서울의 부흥으로 인해 북 장로교 선교부는 2,000명의 회심자를 얻게 되었다. 이뿐 아니라 평양의 부흥의 불길은 황해도 지역에 직접적인 영향을 주어서 차령 선교부의 샤프 선교사

---

210. C. E. Sharp, A Years Retrospect, *The Korea Field*(1905), 1: 267.
211. 1906년 연례 보고서.
212. S. F. Moore, The Revival in Seoul, *The Korea Mission Field*(1906), 2: 115-116.

는 1, 2월에 성령의 역사가 깊었다고 보고한다.[213] 선천 선교부 역시 부흥의 소식을 보고하는데 1905년서부터 시작한 전도 운동이 점점 힘을 얻어 1906년 6월부터 영적으로 깊어지고 있다고 했다.[214] 강계에서도 마찬가지로 선교사들의 전도 사역 가운데 성령이 나타나셔서 그 동안 진리에 대해 궁구하고 있었던 자들이 자신들의 죄악을 깨닫고 두려워하다가 결국 회개하고 구주를 발견한 후 모든 귀신단지와 패들을 불사르는 일이 일어났다고 보고되었다.[215]

이러한 부흥 소식을 여러 지역에서 접하는 가운데, 북 장로교 선교사들은 1906년 8월을 고비로 지금까지 맛보았던 부흥들보다 더 강력한 대부흥을[216] 만나기 원했다.[217] 선교사들이 대부흥을 갈망했던 가장 주된 이유는 1903년 이래로 학습교인과 교회에 출석만 하는 자들이 크게 늘어나 세례교인의 숫자가 상대적으로 적어지면서[218] 교회가 영적으로 쇠약해질지 모른다는 염려 때문이었다. 또한 선교사와 교회 지도자의 제한된 숫자로 그 많

---

213. C. E. Sharp, Motives for seeking Christ, *The Korea Mission Field*(1906), 2: 182-183.

214. C. E. Kearns, More and yet more, *The Korea Mission Field*(1906), 2: 171.

215. Herbert Blair, The Alexander Sampson Rest House, *The Korea Mission Field*(1906), 2: 184-185.

216. 부흥은 그 성령의 역사의 정도에 따라 부흥, 대부흥, 영적 대각성으로 나뉜다. 그러나 정도에 대한 명확한 구분이 없기 때문에 견해에 따라 다를 수 있다.

217. J. S. Gale, *Korea in Transition*(Nashville, 1909), p. 201.

은 사람들을 영적으로 관리하는 데 한계를 느꼈기 때문이다.[219] 실제적으로 그 당시 통계를 보면 이러한 교회의 영적 상황을 잘 알 수 있다.

선천 선교부[220]

	1903년	1904년	1905년	1906년
세례교인	1,027	1,265	1,958	3,121
학습교인	1,646	1,792	1,952	3,020
붙어 있는 자	4,537	5,119	6,507	11,943

대구 선교부[221]

	1903년	1904년	1905년	1906년
세례교인	33	59	114	235
학습교인	80	213	714	1,318
붙어 있는 자	471	965	1,917	3,876

이러한 상황 속에서 선교사들은 대부흥이 온다면 학습교인과 아직 진리를 깨닫지 못한 자들이 회심을 체험하게 되어 교회가

---

218. Stanley Soltau, *Korea: The Hermit Nation and Its Response to Christianity* (World Dominion Press, 1932), p. 42.
219. 1906년 연례보고서.
220. C. E. Kearns 전갈서, p. 172.
221. 1908년 연례 보고서, p. 293.

영적으로 강해질 뿐 아니라 경건을 가져다 줄 것으로 믿었다. 윌리엄 블레어 선교사는 이러한 이유로 대부흥의 필요성을 역설하였다.[222]

북 장로교 선교사들은 뉴욕에서 온 하워드 존스톤(Howard Johnston)에게 인도의 카시아(Kassia)의 부흥[223] 소식을 듣고 더욱 도전을 받아 대부흥을 위한 특별 기도 주간을 설정하여 기도하기 시작했다. 1906년 12월에 들어서면서 평양 선교부는 1857-1858년의 뉴욕에서 시작한 대부흥 때처럼 매일 정오 기도 모임을 시작하였는데 기도 제목은 대부흥을 위한 것이었으며, 특별히 1907년 정월에 있는 겨울 성경공부에 성령의 쏟아부어 주심이 있기를 기도하였다.[224]

3. 1907년의 대부흥

평양 선교부의 선교사들이 대부흥을 준비하고 갈망한 대로 하나님께서 그들에게 대부흥을 주셨다. 1907년 1월 평양에서 그 범위나 능력에 있어 지금까지의 부흥보다 더욱 큰 규모의 부흥

---

222. Samuel H. Moffett, *The Christians of Korea* (Friendship Press, 1962).
223. 웨일즈 지방의 1904년 부흥으로 선교의 불이 붙었고, 부흥의 불씨를 가지고 인도의 카시아로 간 선교사들에 의해 그곳에서 부흥이 일어났다.
224. Graham Lee, How the Holy Spirit came to Pyeng Yang, *The Korea Mission Field*(1907), 3:33.

이 일어나게 되었다. 1907년 1월 첫째 주에 중앙교회, 북교회, 서문교회, 남문교회에서 성경 훈련반이 열렸는데 모든 선교사들은 이 주간에 대부흥이 일어날 것을 매우 고대하고 있었다.

　1월 8일, 성경 훈련반의 8일째 되는 날 선교사들은 모여 기도했다. 바로 그날 밤 약 2,000명 정도가 저녁 집회에 참석했는데 윌리엄 헌트 선교사의 설교가 바로 끝난 직후 그래함 리 선교사가 회중을 향하여 다 함께 기도하자고 요청했다. 그러고 나서 바로 회중은 성령의 나타나심과 임재를 느낄 수 있었다. 기도 후 참회의 고백을 하는 가운데 즉시로 하나님의 성령이 회중에게 임하였다. 따라서 그들은 자신들의 죄를 고백하면서 털썩 주저앉아 울고, 마루 바닥을 구르면서 가슴을 치고 그 죄의 질책으로 인해 매우 괴로워했다. 죄를 고백하면서 쓰러진 그들은 울면서 "목사님, 말해 주십시오. 나에게 희망이 있습니까? 내가 용서받을 수 있을까요?" 하고 물었다. 그러고는 마루를 뒹굴면서 울고 또 울었다. 모든 사람이 죄의 질책으로 매우 고통스러워하면서 울부짖었다.[225] 전체가 눈물바다를 이루었고, 사람들이 자신들이 무가치한 죄인임을 고백하면서 용서해 달라고 울부짖었다.[226] 그리고 죄의 고백과 회개의 눈물과 기도가 그 밤을 넘어 새벽 2시까지 계속되었다.

---

225. 전갈서, p. 34.

그 다음날 선교사들은 함께 모여 기도하면서 그날 밤(화요일)에 다시 그와 같은 복을 내려 주시기를 간구했다. 화요일 밤 성령의 나타나심은 그 전날 밤보다 더욱 강하였다. 전체 회중이 고꾸라져 울면서 죄로 인해 괴로워하면서 울부짖었다. 역시 새벽 2시까지 계속되었다. 수요일 밤에도 똑같은 능력으로 성령께서 역사하셨다. 같은 수요일 아침에(1907년 1월 10일) 성령의 나타나심이 평양여자보통학교에서도 나타났는데, 아침 예배 시간에 벨마 스눅(Velma Snook) 선교사가 학생들에게 기도하자고 요청하자 그만 학생들이 엎어져 그들의 죄를 눈물로 고백하기 시작했고 2시간 동안 계속되었다. 그 다음날 성령의 나타나심이 다시 아침 예배에 나타났다. 그래서 금요일에는 오전 내내 기도와 회개의 시간을 가졌다.[227] 1월 10일 수요일 중앙교회의 소년학교에서도 성령의 강한 나타나심으로 소년들이 울면서 그들의 죄를 고백하였다. 그들은 수업을 할 수 없을 정도였다. 1월 11일 목요일에는 평양여자초등학교에서 성령의 나타나심으로 인해 소녀들이 울면서 회개하였다.

　월요일에서 수요일 밤까지 남자 성경 공부반에서 성령의 나타나심이 일어난 반면 여자 성경 공부반에서는 성령의 나타나

---

226. 청교도들은, 예를 들어 토머스 후커와 같은 경우 영적으로 깊이 겸허해지는 현상을 마태복음 15:17, 이사야 66:2을 근거로 말했다.

227. Graham Lee 전갈서, p. 35-36.

심이 없었다. 그래서 선교사들은 1월 11일부터 16일까지 여자들만을 위해서 중앙교회에서 저녁 집회를 갖기로 했다. 그리고 결국 13일 토요일 밤 여자 성경 공부반도 성령의 큰 나타나심을 체험하고 눈물과 회개의 기도를 하였다. 15일과 16일 저녁 집회에도 성령께서 또 크게 역사하셨다. 그리고 1월 14일 주일날 밤 중앙교회에서 성령께서 보다 더 큰 능력으로 나타나셨다. 역시 회중은 마루 바닥을 구르며 통곡하면서 죄를 괴로워했다.[228] 모펫 선교사는 이 부흥의 특징을 다음과 같이 말했다.

> 이 집회들에서 남자들은 죄의 결과가 얼마나 무서운 것인가와 그 죄 때문에 죄 없는 그리스도께서 받은 고통과 그들을 위해 죽으신 사랑을 깨닫게 되었습니다. 그들은 죄 때문에 괴로워할 때 거의 죽어가는 모습이었습니다. 그리고 비로소 완전한 용서를 깨달았을 때 안도감을 가졌습니다.[229]

이러한 부흥의 불길은 2월에 순회 지방으로 번지게 되는데 윌리엄 블레어와 그래함 리 선교사가 인도하였다. 그래함 리는 그 성령의 역사하심이 평양에서와 동일하였다고 보고했다.[230] 3월에는 곡산과 청화 지방에 성령의 쏟아 부어 주심이 임했는데 단

---

228. Graham Lee 전갈서, p. 34.
229. Samuel Moffett, Evangelistic Work, 북장로교 선교 25주년 기념 강연, pp. 21-22.

지 교회만 참석하던 자들이 가슴을 치며 그들의 죄를 고백하고 회개하면서 결국에 그리스도의 사랑을 깨닫고 기뻐하였다. 그들은 모두 학습교인으로 받아들여졌으며, 죄에 대한 깊은 질책으로 모두 울면서 그 심령이 매우 낮아졌다.[231]

선천 지역은 2월에 부흥을 체험하였다. 역시 성령의 죄의 질책의 역사가 매우 강하였고 사람들은 은밀한 죄까지 모두 자백하면서 하나님에게 자비를 호소했다.

서울 지역의 부흥은 1907년 2월 17일 성령께서 서울의 중앙교회에 나타나심으로 시작되었다. 이미 평양에서 부흥을 경험했던 길선주가 설교하는 가운데 성령이 크게 역사하였는데, 회중이 고꾸라지면서 그들의 죄로 인해 크게 울었고 그 중 어떤 자들은 죄의 괴로움 때문에 마루를 구르면서 용서해 달라고 울부짖었다.[232] 죄로 인해 고통스러워하던 자들은 연이은 집회 가운데서 용서함을 체험하고 하나님과의 화평을 가지게 되었다.

이 부흥의 불길은 서울의 모든 교회로 번졌고 사람들의 대화 내용은 온통 성령의 놀라운 역사에 대한 것이었다.[233] 이 부흥의 불길은 서울 지방의 순회 지역까지 번져서 4월에 찰스 클락 선교사가 담당하는 전 지역에 이르렀다. 청주 지방은 2월에 부흥

---

230. Graham Lee 전갈서, p. 37.
231. George McCune, The Wonder of it, *The Korea Mission Field*(1907), 3:44-45.
232. C. C. Vinton, The Holy Spirit in Korea *The Korea, Mission Field*(1907), p. 3:25.

을 만나게 되는데 3개의 순회 지역으로 부흥이 번졌다.[234] 이때 아직 부흥을 체험하지 못한 대구 지방의 선교사들은 평양의 부흥 소식을 듣고 같은 성령의 역사를 원했다. 그리하여 부흥을 위한 기도를 매일 하게 되고 결국 3월에 부흥을 만나게 되었다.[235] 대구의 부흥에 대해서 브루엔 선교사는 평하기를 "성령의 역사하심이 회심치 않은 자와 회개하지 않은 자에게 특별히 임했다"고 말하면서 이는 영적 대각성이라고 불려져야 한다고 했다.[236]

이미 전국으로 확산된 부흥의 불길이 1907년 3월 평양에 다시 임하였다. 3월 16일 평양에서 여자 성경 훈련반이 열렸는데, 지방에서부터 550명이 12일 동안의 성경 연구를 위해 모였다. 이들은 이미 1월과 2월의 부흥에 대해서 익히 듣고 있었던 터라 그들의 마음은 부흥에 대한 강력한 열망으로 차 있었다. 결국 성령께서 그들의 성경공부 가운데 나타나셨다. 스왈렌 선교사는 다음과 같이 부흥의 정황을 보고하였다.

> 죄의 질책과 그에 따른 고백들이 첫째 날부터 시작해서 매 저녁마다 가면 갈수록 숫자적으로나 그 질책의 정도가 증가되었습니다. 그들의 체험은 1월에 있었던 여자 성경공부반의 성령의 나타나심

---

233. 전게서.
234. F. S. Miller, Establishing Chong Ju Station, *The Korea Mission Field*(1907), 3:123-4.
235. H. M. Bruen, The Holy Spirit at Taiku, *The Korea Mission Field*(1907) 3:51-53.
236. 전게서.

과 같은 것이었습니다. 그들은 울고 흐느끼며 가슴을 치고 또 어느 때는 죄의 무게로 인해 마루 바닥에 가라앉은 것과 같아 그 심정을 정확하게 표현하지 못할 정도였습니다. 온 회중이 흐느끼면서 자비를 내려달라고 하나님께 기도했습니다.[237]

이렇게 죄의 질책으로 낮아져서 용서를 구하던 그들은 예수 안에 있는 죄의 용서함을 발견하였고 기쁜 심령을 가지고 그들의 교회로 돌아갔다. 이처럼 평양이 부흥을 만나고 있을 때 부흥으로부터 제외된 곳이 있었다. 바로 평양신학교였는데 아직 개학을 하지 않았기 때문이었다. 따라서 선교사들은 75명의 평양신학교 학생들을 위해 기도하였다. 그리고 신학교 운영위원회는 학기 동안에 매일 밤 저녁 집회를 계획하였는데 이는 성령의 큰 역사를 얻기 위함이었다. 드디어 학기가 시작되었고 수업 첫째 주간의 저녁 집회에서 성령의 역사가 나타나기 시작했다. 학생들 위에 성령의 죄에 대한 질책이 증가하는 가운데 4월 6일 토요일 밤이 되었다. 성령의 큰 능력이 학생들의 숨어 있는 죄들을 더욱 드러내어 질책하기 시작했다. 그리고 그 다음 월요일과 화요일에 학생들은 자기 점검 시간 중에 기도하면서 죄로 인해 괴로워하며 죄를 고백하고 있었다. 그렇게 울면서 기도하는 가

---

237. W. L. Swallen, Gos work of grace in Pyeng Yang Classe, *The Korea Mission Field*(1907), 3:78.

운데 죄의 짐을 해결하고 하나님과 화평을 갖게 되었다.[238] 그들은 감사함으로 어쩔 줄 몰라 하며 "이제야 나의 죄가 사함을 받았네. 나는 구원을 얻었네" 하고 기뻐했다.[239] 이렇게 부흥을 경험한 신학생들은 결국 한국 장로교회의 지도자들이 될 자들이었다. 그래서 선교사들은 평양신학교의 부흥을 매우 중요하게 생각했다.

이렇게 맞은 한국교회의 대부흥은 1903년에 시작해서 1907년에 최고조에 이르렀고 한국 장로교회는 그 해 독노회를 조직하였다. 대부흥은 한국 장로교회에 영적 자원을 제공한 참 부흥이었다. 이뿐 아니라 미국에서 영적 대각성들과 대부흥이 선교의 열매를 맺은 것과 같이 한국 장로교회도 1907년 이기풍 선교사를 제주도에 파송하는 선교 교회가 되었다. 이는 실로 하나님이 주신 참된 부흥이었다.

4. 청교도 신학과 부흥과의 관계

앞에서 살펴본 한국 장로교의 대부흥은 선교사들의 사역과 직

---

238. George McCune, Opening days at the Theological Seminar, *The Korea Mission Field*(1907), 3:89-90.
239. Swallen 전같서.

접적인 관련이 있다. 북 장로교 선교사들이 부흥을 바라보면서 청교도 신학에 근거하여 경건을 위한 전도와 교회 사역을 감당했기 때문이다. 이것은 북 장로교 교회 역사 속에서 청교도 신학을 기저로 한 경건 사역이 부흥을 준비하는 역할을 했던 것과 같다. 따라서 한국 장로교의 대부흥은 갑작스럽게 일어난 것이 아니라 청교도 신학을 그 근거로 하여 경건을 추구하는 선교사들의 사역 위에 하나님께서 성령을 부어 주신 것이다. 결국, 한국 장로교의 대부흥은 미국의 제1, 2차 영적 대각성, 대부흥과 같이 신학적 연속성을 가진다. 이제는 청교도 신학에 근거한 북 장로교 선교사들의 전도 사역과 교회 사역 그리고 사회 개혁들이 어떻게 하나님이 주시는 부흥을 준비했는지 신학적으로 살펴볼 차례다.

(1) 청교도의 회심 신학과 부흥

부흥이라는 용어를 단지 교회의 갱신(Renewal)으로 이해하는 경우가 있는데 이것은 이미 17세기부터 19세기에 이르기까지 교회에서 사용된 부흥의 고전적 의미의 부분적 이해에 불과하다. 스코틀랜드 목회자들이 1840년 부흥에 대한 신학적 특징을 편집했는데 그 중 존 보나 목사는 부흥에 대하여 다음과 같이 정의하였다.

부흥이란 부주의한 죄인들을 질책하고 회심시키는 하나님의 은혜의 능력의 예외적인 나타남이며 동시에 깨우침으로 이미 믿고 있는 신자들의 믿음과 경건을 증가시키는 것이다.[240]

즉 부흥의 때에는 죄인들을 회심시키는 것과 기존 신자들의 경건과 믿음을 향상시키는 일이 함께 일어나는 것이다. 솔타우 선교사도 1907년 대부흥 때의 성령의 역사가 "죄인에게는 회심을, 미끄러진 자에게는 열심을, 이미 믿고 있는 신자들에게는 하나님에 대한 새로운 비전을 주고 그들의 죄와 잘못과 근시안적인 것을 고백하고 서로 다른 것을 조정하게 했다"고 증언했다.[241]

그런데 한국의 대부흥 때에는 죄인에 대한 회심의 역사가 훨씬 강하였다. 그래서 밀러 선교사는 대부흥을 주신 하나님께 더욱 감사해 했다.[242]

이처럼 부흥과 회심은 그 속성상 분리될 수 없음을 알 수 있다. 부흥의 주체인 성령의 역사가 개인의 회심에 있어서나 부흥에 있어서 같기 때문에 회심의 신학적 특성과 부흥의 특성은 같이 갈 수밖에 없는 것이다. 따라서 존 보나 목사는 이 관계에 대해서 다음과 같이 말했다.

---

240. John Bonar, The nature of religious revival in *Lectures on revival reprint*(Richard Owen Roberts, 1980), p. iv.
241. Soltau 전같서, p. 25.
242. F. S. Miller 전같서.

> 회심과 부흥은 그 신적 주체와 효과 및 마지막 결과에 있어서 본질적으로 같다. 그러나 이 둘 사이에 가장 첫 번째로 주된 차이점이 있다면 부흥에서의 성령의 나타나심이 보다 강하다는 것인데, 그 정도와 힘, 그리고 범위와 회심의 에너지가 보통을 넘어 예외적이다.[243]

이는 부흥에 있어서 회심의 역사가 얼마나 중요한지를 말해 주는 정의이다. 미국의 제1, 2차 영적 대각성이 일어날 때도 회심 신학이 주된 가르침이었던 것은 바로 이러한 이유 때문이었다. 특히 제1차 영적 대각성 때 부흥 신학을 이끌었던 조나단 에드워즈는 청교도의 회심 신학이 부흥의 수단이라는 것을 누차 강조했으며, 부흥 신학의 교과서처럼 여겨지고 있는 조나단 에드워즈의 종교적 감정들(Religious Affections)는 뉴잉글랜드 청교도 신학자 토머스 쉐퍼드의 회심에 관한 책인 **열처녀 비유**로부터 온 것이다.[244] 또한 길버트 테넌트와 조나단 디킨슨은 청교도의 회심 과정을 제1차 영적 대각성 때 신학적 도구로 삼았고 제2차 영적 대각성 때에도 마찬가지였다.

따라서 북 장로교 선교사들은 청교도 회심 신학으로 부흥을 확인하는 것이 새로운 일도, 어려운 일도 아니었다. 그래서 대부

---

243. 전같서, p. 7.
244. John Smith 편집, 예일대학 판, 조나단 에드워즈 전집 중 *Religious Affections* 서문 참조.

흥 때 선교사들은 그들의 청교도 신학에 따른 죄인들의 회심의 과정을 주의 깊게 살폈다. 즉 죄인들의 심령 속에서 성령의 조명, 죄의 질책, 죄의 고뇌로 인한 겸비케 됨, 그리고 예수 안에 있는 용서의 발견이 일어나는지를 살핀 것이다. 예를 들어 스왈렌 선교사는 대부흥 때에 성령의 빛으로 인해 영적으로 깨어지는 과정을 다음과 같이 주시했다.

> 샅샅이 비추는 진리의 빛이 성령의 능력 아래서 사람들의 영혼 위에 비출 때 그의 진정한 특성으로 죄가 보이게 됩니다. 성령의 조명 아래서 사람들은 자신들이 너무 더럽고, 몰락한 그리고 무가치한 죄인임을 깨달으면서 자비를 구하기 위해 울면서 하나님께 나아가는 것이었습니다. 이들의 모습은 말로 형용할 수 없을 정도입니다. 오로지 이러한 경험을 통과한 자만이 이러한 방법들이 무엇인지 알 수 있습니다. 집회 가운데 사악한 사람들에게 숨어 있는 것들에 빛을 비추어 그것들을 몰아내는 이러한 능력은 지상에 없는 것입니다.[245]

선교사들은 대부흥 때 성령의 죄의 질책의 역사를 매우 주의 깊게 살폈는데 이는 그 부흥이 감정적이거나 일시적이고 환상적인 체험으로 흐르는 것을 방지하기 위해 그리하였으며, 언더우드 선교사는 서울의 부흥 때에 그 특징을 다음과 같이 보고하고 있다.

---

245. W. L. Swallen 전갈서, p. 80.

> 그들의 죄의 고백들은 한결같은 특징이 있습니다…아무리 작은 죄라도 그 무서움으로 인해 괴로워했고 이는 자주 참회하는 죄인들을 자기도 모르는 사이에 땅바닥으로 쓰러지게 만들었고 그 무서움과 후회로 인해 덜덜 떨게 만들었습니다. 이러한 현상은 특히 하나님의 거룩함에 대항하여 지은 모든 생각, 말, 행동들을 고백한 후 일어났습니다.[246]

이러한 죄의 질책의 역사가 그 동안 선교사들의 끊임없는 전도와 사역의 열매라는 것은 그 죄인들의 고백을 보더라도 알 수 있다. 베른하이젤 선교사는 증거하기를 "그들의 죄는 십계명에 있는 모든 죄들이었다. 그들은 그 죄들을 수년간 양심에 큰 부담을 가진 채 가지고 다니다가 결국에는 하나님과 사람 앞에서 고백하고 그 짐을 제거하였다"라고 했다.[247] 맥퀸(George McCune) 선교사도 1907년 평양 대부흥 때 율법의 죄의 질책의 기능에 대해서 보고하였고 "대부흥으로 인해 많은 사람들이 죄가 무엇이라는 것을 분명히 이해하게 되었다"라고 했다.[248]

선교사들은 대부흥 때 죄의 질책의 정점인 죄의 고뇌로 인한 철저히 낮아짐에 대해서도 주의를 기울였는데 질책을 받은 죄인들이 용서를 얻기 위해 뜨거운 눈물을 흘리면서 간구하는 모

---

246. Lillias Underwood, *Underwood of Korea*(Fleming Revell, 1918), p. 224.
247. C. F. Bernheisel, *Forty one years in Korea*(n.p. 1942), p. 32.
248. 1907년 1월 15일 브라운 총무에게 보낸 개인 편지(미국 펜실베이니아 주 필라델피아 소재 미 장로교 역사 기록 보관소).

습이 그 일반이었다고 증거하였다.²⁴⁹ 이때 많은 사람들의 죄의 고백은 아직 죄를 고백하지 않고 자신을 감추고 있는 자들에게 괴로움을 더했다. 이에 대해서 블레어 선교사는 2주 동안 성령께서 질책받고 있는 죄인들을 죽는 것과 같은 괴로움에 있게 하였다고 보고하였다.²⁵⁰ 물론 선교사들은 사람들이 영적으로 철저히 겸허케 된 후 예수 그리스도 안에 있는 용서를 발견하는 모습을 주의 깊게 확인하였다.

대부흥 가운데 그들이 확인하고자 했던 죄인들의 회심은 이미 북 장로교 선교사들의 전도와 교회 사역 속에서 추구해 오던 것이었다. 따라서 회심을 얻어내려고 했던 그들의 사역이 결국 대부흥에 공헌하게 된 것이다. 결국 한국 장로교의 대부흥은 갑자기 일어난 것이 아니라 북 장로교 선교사들이 죄인들로부터 회심을 얻고자 끊임없이 수고한 전도 사역에 대한 하나님의 응답이라고 할 수 있다.

(2) 교리적 전도
교리 중심의 전도가 북 장로교 선교사들의 전도 사역의 특징

---

249. Swallen 전갈서, p. 78.
250. Herbert Blair, Fifty years of development of the Korean Church, 북장로교 선교 50주년 기념강연, p. 123.

중 하나인 것은 이미 제3장에서 살펴보았다. 그런데 바로 이러한 교리적인 전도가 한국 장로교의 대부흥에 공헌하게 되었다.

먼저, 모펫 선교사는 전도 사역에서 하나님 말씀(교리)을 설교하고 가르친 것이 대부흥을 가져 왔다고 직접적으로 말한다.[251] 이것은 미국의 제1차 영적 대각성 때 통나무 대학 출신의 전도자들이 칭의, 거듭남, 중생, 회심의 교리 중심으로 설교하고 가르친 것과 같은 효과이다. 조나단 에드워즈도 부흥 때 교리적 설교의 중요성에 대해서 말했는데 그 이유는 "신적인 것들을 영적으로 바로 이해할 때 은혜로운 감정이 그 심령으로부터 나오기"[252] 때문이라고 설명하였다.

제2차 영적 대각성 때에도 마찬가지이다. 제2차 영적 대각성이 끝난 직후 참된 부흥에 대하여 강조했던 아키발드 알렉산더도 부흥에 있어 교리적 가르침의 중요성을 다음과 같이 언급하였다. "참된 부흥의 필요 선제 조건은 복음의 순수성이다. 그리고 교리적으로 먼저 잘 가르침을 받은 자들만이 올바르게 진리를 체험할 수 있다."[253]

이렇게 제1, 2차 영적 대각성에서 강조했던 철두철미한 교리

---

251. 25주년 기념 강연, p. 25.

252. Allan Story, Promoting Revival : Jonathan Edwards and preparation for revival (Westminster Theological Seminary, 1994), Ph. D. 논문, p. 163.

253. Andrew Hoffecker, *Piety and Princeton Theologians* (P&R, 1981), p. 28.

의 가르침이 개인의 영적 체험 및 경건을 가져다 준다는 신학적 논제는 칼빈주의 사상에서 온 것이다. 칼빈을 비롯해서 개혁주의 신학자들은 올바른 교리의 가르침만이 올바른 영적 체험을 가져다 줄 수 있다고 생각했으며, 더욱이 청교도 신학자들의 경우 신학 자체를 생동감 있고 실천적인 학문으로 보았기 때문에 철저한 교리적 전도와 가르침이 체험의 수단이 된다고 여겼다.[254]

북 장로교 선교사 마가렛 베스트도 바로 이러한 원리를 말했다. "전도 사역에서 교리적 가르침이 개인에게 영적 각성이 일어나게 하여 죄인으로 하여금 회개하게 하며 깊고 참된 그리스도인의 체험을 하게 한다."[255] 한국을 방문했던 브라운 총무 역시 이 점을 지적하였는데 "한국의 그리스도인들은 매우 지적이고 심오한 체험을 가지고 있으며 매일 신앙고백과 일관성 있는 삶을 살고 있다"고 하였다.[256] 이렇게 교리적 전도와 가르침이 개인의 영적 각성의 수단이 되었기 때문에 영적 대각성이나 대부흥 때도 그것을 돕는 요소가 되는 것은 당연하다. 이러한 이유로 무어 선교사는 1906년의 부흥을 언급하면서 전도 사역에 있어 중생에 대한 교리적 가르침이 부흥의 중요한 요소라고 말하였다.[257]

---

254. 청교도의 아버지라 불리우는 윌리엄 퍼킨스는 신학을 "the science of living blessedly for eve"라고 일컬었다.
255. Margaret Best, Among country women, *The Korea Field*(1903), p. 74.
256. A. J. Brown, *The Mastery of the Far East*(New York, 1919), p. 537.

앞에서 언급한 것처럼 북 장로교의 교리적 설교와 가르침은 진정 한국 장로교의 대부흥에 공헌하는 하나의 요소로 작용하였다. 그리하여 어떤 환상적이고 일시적인 감정과 체험 중심의 부흥이 아닌, 참된 부흥을 가져다 주는 데 도움을 주었다.[258]

(3) 교회 속의 경건

북 장로교 선교사들이 경건을 확보하기 위해 한 사역들은 교회에서 세례를 주려 할 때 엄격히 심사하는 것, 주일 성수에 대한 강조, 징계, 그리고 심령을 살피는 것들이었다. 이러한 것들은 청교도 신학에 근거를 두고 있었는데 다음과 같은 신학적 이유로 해서 한국 장로교의 대부흥에 공헌하는 요소들이 되었다.

첫째로, 학습교인 제도 자체는 진정한 회개와 회심을 요구하는 것으로 죄의 질책과 회개의 필요성을 보여 줌으로써 그 성질상 대부흥에 공헌하는 요소가 된다. 또한 이 제도는 교회가 "눈에 똑똑하게 보이는 성도"(Visible Saints)[259]로 구성되게 하여서 부흥을 준비하는 요소가 된다. 왜냐하면 눈에 분명히 확인될 수

---

257. S. F. Moore, 그리스도 신문, 1906년 1월 18일자.
258. 경건의 열매로서는 죽어 가는 영혼을 구하려는 열망, 죄를 미워하고 그 죄와 싸우는 것, 하나님을 두려워하고 공경함, 신실한 헌신 등이 있다.
259. 청교도 신학의 핵심 단어이다. Edmund Morgan의 *Visible Saints: The History of a Puritan Idea*(Cornell University, 1963) 참조.

있는 성도로 인해 사람들은 그 양심에 영향을 받아 조용히 죄의 가책을 느끼기 때문이다.[260] 이 원리에 대해 조나단 에드워즈는 "주의 깊게 교회 회원으로 받아들이는 것은 부흥을 준비하는 중요한 수단이 된다. 그는 반드시 회심을 경험한 자이어야 하며 이것을 통해 교회는 순결하게 되고 하나님의 성령의 부어 주심을 받기 위한 준비가 된다"고 했다.[261]

둘째로, 북 장로교 선교사들의 청교도 신학에 근거한 교회 사역 중 주일 성수 강조는 그들의 신학적 전통의 배경 속에서 매우 중요한 것이었다. 주일 성수는 죄인들에게 하나님을 알고 공경해야 할 것을 증거하는 수단이 되며 자연적으로나 도덕적으로나 그들의 양심을 흔들어 놓는다. 더욱이 주일 성수는 십계명의 4계명으로서 이것을 통해 하나님의 법의 거룩성을 증거하며 더 나아가 거듭나지 못한 자들에게 죄가 무엇이라는 것을 알려주고 질책하는 기능을 한다. 따라서 조나단 에드워즈는 주일 성수가 부흥을 준비하는 중요한 요소라는 점을 다음과 같이 말한다.

엄격하게 안식일을 지킴으로써 세상은 종교를 정면으로 대하게 된

---

260. William Arnot, The godly life of believer in *Lectures on Revival*(1840, reprint Richard Owen Roberts, 1980), p. 162.
261. Story 전갈서, p. 233.

다. 안식일을 잘 지키지 못하면 보이지 않는 하나님을 섬기고 예배하며 공경하는 것의 외적이고 공적인 모습이 거의 없을 것이다. 안식일은 바로 이러한 목적으로, 즉 대중 가운데 혹은 사회 속에서 종교의 가시성을 견지하기 위해 제정된 것처럼 보인다. 얼마나 엄격하게 안식일을 지키는지, 사람들 속에서 얼마나 엄중하게 의무를 다하는지에 따라 하나님을 공경하는 것을 드러내는 것이다.[262]

이러한 주일 성수의 강조가 대부흥에 공헌하게 된 직접적인 증거는 대부흥 속에서 죄를 고백하고 회개하는 자들이 여러 죄악 중에서도 주일을 범하고 어긴 죄를 많이 고백한 것이다. 북 장로교 선교사들의 주일 성수 강조는 부주의한 죄인들을 질책하고 또 다른 계명을 어긴 것까지 드러내어서 죄를 책망하는 역할을 감당했던 것이다. 더욱이 주일 성수는 교인들이 세상적인가 아닌가를 측정하는 영적 온도계 기능을 가지고 있었기 때문에 기존 성도들에게도 자신들의 세상적인 면을 깨닫게 하고 회개하며 영적으로 갱신하는 데 도움을 주었다.

셋째로, 북 장로교 선교사들의 교회를 정결하게 유지하려는 노력은 그들의 징계의 시행으로부터 분명하게 볼 수 있었다. 징계의 시행은 한국 장로교의 대부흥에 공헌하는 요소가 되었다.

---

262. Jonathan Edwards, *Works of Jonathan Edwards* Vol.2(Hickman Edition, 1834), p. 101.

왜냐하면 교회의 징계 시행은 교회로 하여금 경건의 능력을 배양하게 했을 뿐만 아니라 세상과 구별되는 교회의 거룩성을 증거하는 기능을 했기 때문이다. 따라서 징계의 시행은 부도덕적인 것과 세상적이며 경건치 못한 것이 무엇인지를 교회 속에서나 사회 속에서 증거하고 신자에게나 불신자의 양심을 증거하는 기능을 하였다. 이로 인해 이미 양심의 가책 가운데 있던 영혼들은 성령의 크게 임하는 부흥의 때에 쉽게 죄의 질책을 받고 또 회개할 수 있었다. 바로 이러한 원리로 19세기 중반의 부흥 신학자였던 스코틀랜드의 윌리엄 아노트는 "엄격한 징계의 시행은 어려운 것이지만 이것은 반드시 필요한 것이며 이것 없이 우리는 부흥을 기대할 수 있는 근거가 없다"고 말했다.[263] 북 장로교 사무엘 모펫 선교사 역시 "징계 시행은 한국 교회의 양심을 형성시켜 주었고 이로 인해 죄에 대해 민감한 교회가 되었다"고 50주년 기념 강연회에서 말했다.[264] 교회에서 징계의 시행을 야기했던 죄들의 목록은 음주, 간음, 거짓말, 거짓 맹세들이었는데 대부흥 때 이러한 죄의 목록이 고백의 목록이 되었다. 이것은 징계의 시행이 그들의 양심을 고발하는 기능을 함으로써 대부흥에 공헌하는 한 요소가 되었던 것을 의미한다. 더욱이 대부

---

263. William Arnot, The godly life of believer in *Lectures on Revival*(1840, reprint Richard Owen Roberts, 1980), p. 177.

264. p. 43.

흥의 결과로 경건이 한국 사회에까지 미치면서 기독교 마을이 형성되고, 술이 없는 마을, 성실하게 주일을 지키며 전체 마을 사람들이 주일학교와 교회에 참석하는 마을들이 생겨났다.[265]

넷째로, "심령을 살피는 것"(Heart Searching)이다. "심령을 살피다"라는 말은 북 장로교 선교사들에게는 매우 일반적인 단어였다. 이것은 사람들의 심령을 살펴서 그들이 회심하였는지, 혹은 죄의 질책 중에 있는지, 그리고 아직 회개하지 않은 세상적인 자인지를 살피고 그 영적 상태의 원인을 조사해서 의원이 병을 고치듯이 영적 질병을 고치려는 태도와 사역을 말한다.[266] 이러한 "심령을 살피는" 사역은 북 장로교 선교사들이 한국에서 선교를 시작했을 때부터 사용한 선교 수단으로서 한국인의 심령을 살펴서 어떻게 선교 사역을 할 것인가에 대한 전략을 세울 때 사용하였다. 또한 이것을 대부흥 바로 직전과 대부흥이 일어난 가운데 그 수단으로 사용하였다.

직접적인 예로서 스왈렌 선교사는 대부흥 속에서 사람들의 각각의 심령을 살피는 것의 중요성을 말하면서 "지금은 바로 성령

---

265. Samuel Zwemer and Arthur Brown, *The nearer and farther East*(New York, 1908), p. 288.
266. 청교도 신학의 특성상 이러한 사역을 추구하게 한다(J. I. Packer의 *A Quest for Godliness* 참조).

의 조명하는 능력 아래서 심령을 살필 때입니다"라고 말했으며,[267] 더 나아가 심령을 살피는 기도 가운데 성령이 그들에게 크게 임하는 상황을 다음과 같이 보고하였다. "심령을 살피는 기도 속에서 성령의 조명이 있고 그로 인해 자신들의 죄들을 속속히 깨닫게 되었다."[268]

솔타우 선교사도 1907년 1월 14일의 상황을 다음과 같이 보고하였다. "심령을 살피는 기도 가운데 성령께서 온 회중 위에 임하여서 깊은 질책이 있었으며 이로 인해 자신들의 무지, 냉랭함, 사랑의 결핍을 깨닫고 울면서 기도하게 되었다."[269] 더욱이 1907년 평양 대부흥이 시작하는 날 헌트 선교사는 요한일서를 강해하여 성령의 역사와 구원의 백성들을 분별하고 "심령을 살피게" 했다.

다섯째로, "부흥을 위한 기도" 이다. 이것은 제1차 영적 대각성을 체험한 후 조나단 웨드워즈의 "겸손한 시도"의 영향을 받아 형성된 부흥 신학 중 하나이다. 북 장로교 선교사들은 대부흥이 고조에 달하기 전 부흥을 위해 기도했으며 한국의 성도들에게도 부흥을 위해 기도하기를 가르쳤다. 조나단 에드워즈는 부

---

267. 1907년 1월 18일 브라운 총무에게 보낸 편지에서.
268. W. L. Swallen, Gos work of grace in Pyeng Yang, *The Korea Mission Field*(1907), 3:80.
269. Stanley Soltau 전갈서, p. 25.

흥을 위한 기도의 중요성을 언급하면서 "하나님께서 예외적으로 기도의 영을 부어 주시는 때가 오는 것은 이 땅에서 약속된 하나님 나라의 진전을 위해서이다"라고 말했다.[270] 북 장로교 선교사들 역시 이러한 목적으로 부흥을 위해 기도했다. 그들은 예외적으로 부어 주시는 성령을 위해 기도했는데, 그 목적은 숫자적인 교회 성장이 아니라 한 영혼 한 영혼이 회심하며 강력한 한국 교회가 설립되어 하나님 나라가 확장되는 것이었다.[271] 이러한 약속을 믿고 기도하는 이들에게 하나님께서 응답하심으로 부흥을 맞았던 것이다.

5. 대부흥의 열매

북 장로교 선교사들은 그들의 부흥의 신학적 유산을 따라 대부흥의 열매에 매우 주의하여 하나님께서 주신 참 부흥을 확인했다. 즉 북 장로교 선교사들은 그들의 사역이 청교도 신학에 근거하여 경건을 기대하고, 부흥을 통해 경건의 능력을 보다 강력하게 갈구했기 때문에 그 대부흥의 열매로서 복음적 경건과 선교가 있었는지 조사했던 것이다. 1908년 북장로교 해외 선교부

---

270. Stephen Stein ed., Jonathan Edward apocalyptic writings(Yale University, 1977), p. 353.
271. William Baird 가 1907년 1월 3일 브라운 총무에게 보낸 편지에서.

연례 보고서를 보면 이같이 기록되어 있다. "한국 교회는 죄에 대해 매우 민감하고, 기도의 정신과 영적인 것을 음미하며, 전도에 뜨거운 열정이 주된 표식이 되었다."[272]

대부흥의 실제적 결과로서 북 장로교는 다른 장로교 선교부들과 함께 1907년 가을에 독노회를 조직하였으며, 이 첫 번째 모임에서 해외 선교부를 조직하고 7명의 안수받은 한국인 목회자 중 이기풍 목사를 선교사로 파송하였다. 이는 한국 장로교의 대부흥이 참된 부흥임을 증명하며 청교도 신학이 한국에서도 부흥에 공헌하였음을 증명하는 것이었다.

결론적으로 미 북 장로교회의 청교도 신학과 영적 대각성 및 부흥의 역사적 유산이 한국 초기 장로교회의 신학적 전통이었으며 이것이 한국 장로교의 대부흥에 공헌하였던 것을 알 수 있다.

---

272. 1908년 연례 보고서, p. 275.

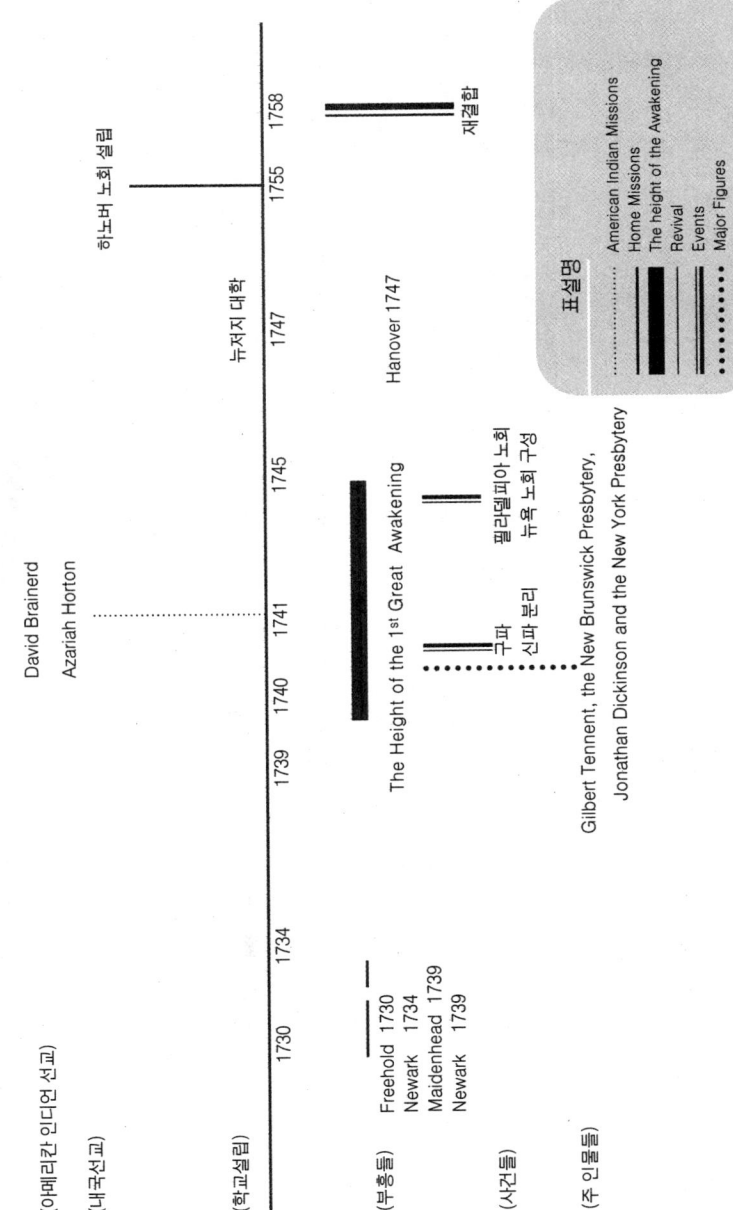

부록 2
영적 대각성, 부흥, 선교, 한국 대부흥 (1800–1907)

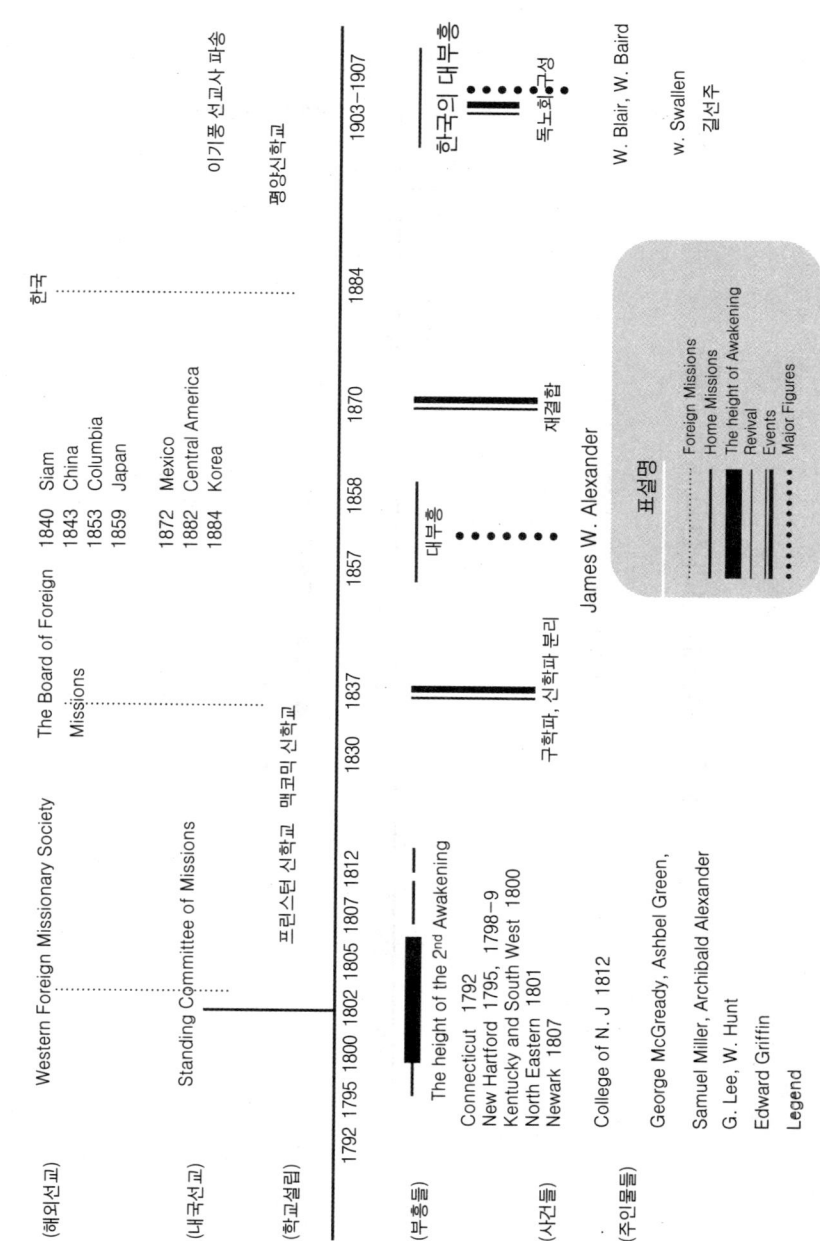

참고 문헌

<미 장로교 역사와 신학>

A committee of the Synod of New York and New Jersey. 1852. *A history of the division of the Presbyterian Church in the United States of America.* New York: M. W. Dodd.

Abbot, Lyman, Amory Bradford, Charles Berry, George Gordon, Washington Gladden, and W. J. Tucker. 1972. *The new Puritanism.* Freeport: Books For Libraries Press.

Alexander, Archibald. 1832. Letter to William Sprague. In *Lectures on revivals of religion.* Reprint, Edinburgh:The Banner of Truth Trust, 1959.

_____. 1851. *Biographical sketches of the founder and principal alumni of the Log College.* Philadelphia: Presbyterian Board of Publication.

_____. 1855. *Sermon of the Log College.* Reprint, Ligonier: Soli Deo Gloria Publications, 1993.

Alexander, James W. 1850. The spiritual vitality of the truth. *The missionary offering.* Auburn: Derby, Miller Co.

_____. 1854. *The life of Archibald Alexander*. Reprint, Harrisonburg: Sprinkle Publications, 1991.

_____. 1858a. *Discourses on common topics of Christian faith and practice*. New York: Charles Scribner.

_____. 1858b. *The revival and its lessons: A collection of fugitive papers, having reference to the Great Awakening 1858*. New York: American Tract Society.

_____. 1860. The holy flock. In *The New York pulpit in the revival of 1858*. New York: Sheldon & company.

Armstrong, Maurice, Lefferts Loetscher, and Charles Anderson. 1956. *The Presbyterian enterprise: Sources of American Presbyterian history*. Philadelphia: The Westminster Press.

Arnot, William. 1840. The godly life of believers. In *Lectures on revival*. Reprint, Wheaton: Richard Owen Roberts, 1980.

Atwater, Lyman. 1876. Revivals of the century. *The Presbyterian Quarterly and Princeton Review* 5: 690- 719.

Baird, Samuel. 1868. *A history of the New School*. Philadelphia: Caxton, Remsen & Haffelfinger.

Beach, Harlan. 1903. *Princely men in the heavenly kingdom.* Boston: American Board of Commissioners for Foreign Missions.

Beardsley, Frank G. 1912. *A history of American revivals.* New York: American Tract Society.

_____. 1943. *Religious progress through religious revivals.* New York: American Tract Society.

Beaver, Pierce. 1968. Missionary motivation through three centuries. In *Reinterpretation in American church history.* Chicago: The University of Chicago Press.

Beeke, Joel. 1999. *The quest for full assurance: The legacy of Calvin and his successors.* Edinburgh: The Banner of Truth Trust.

Beougher, Timothy. 1991. Conversion: The teaching and practice of the Puritan pastor Richard Baxter with regard to becoming a true Christian. Ph.D. diss., Trinity Evangelical Divinity School.

Blair, Samuel. 1744. Letter to Mr. Prince. *Historical collections of accounts of revival,* ed. John Gillies, 1845. Reprint, Edinburgh: The Banner of Truth Trust, 1981.

Blauvelt, Martha. 1975. Society, Religion, and Revivalism: the Second Great Awakening in New Jersey 1780-1830. Ph.D. diss., Princeton University.

Boles, John. 1972. *The great revival 1787-1805*. Kentucky: The University Press of Kentucky.

Bonar, John. 1840. The nature of a religious revival. *Lectures on revival*. Reprint, Wheaton: Richard Owen Roberts, 1980.

Bowden, Henry, and James Ronda, eds. 1980. *John Eliot's Indian dialogues*. Westport: Greenwood Press.

Brachlow, Stephen. 1988. *The communion of saints: Radical Puritan and separatist ecclesiology 1570-1625*. New York: Oxford University Press.

Brynestad, Lawrence. 1930. The Great Awakening in the New England and middle colonies. *Journal of Presbyterian History* 14: 80-141.

Bumsted, J. M., and John Van de Wetering. 1976. *What must I do to be saved?* Hinsdale: The Dryden Press.

Burchard, S. D. 1860. Religious insensibility. In *The New York pulpit in the revival of 1858*. New York: Sheldon & company.

참고문헌 165

Calhoun, David. 1983. *The last command: Princeton Theological Seminary and missions(1812-1862)*. Ph.D. diss., Princeton Theological Seminary.

_____. 1994. *Princeton Seminary: Faith and learning 1812-1868*. Edinburgh: The Banner of Truth Trust.

Carden, Allen. 1990. *Puritan Christianity in America*. Grand Rapids: Baker Book House.

Chaney, Charles. 1976. *The birth of missions in America*. Pasadena: William Carey Library.

Cheeseman, Lewis. 1848. *Differences between Old and New School Presbyterians*. Rochester: Erastus Darrow.

Cleveland, Catharine. 1959. *The great revival in the west*. Gloucester: Peter Smith.

Coalter, Milton. 1986. *Gilbert Tennent, Son of thunder*. Westport: Greenwood Press.

Crawford, Michael. 1991. *Seasons of grace*. Oxford: Oxford University Press.

Dickinson, Jonathan. 1743. Letter to Mr. Foxcroft. In *Historical collections of accounts of revival*, ed. John Gillies, 1845.

Reprint, Edinburgh: The Banner of Truth Trust, 1981.

_____. 1745. *Familiar letters to a gentleman, upon a variety of seasonable and important subjects in religion.* Boston: Rogers and Fowle.

_____. n.d. *The true Scripture doctrine.* Philadelphia: Presbyterian Board of Publication.

Drury, Clifford. 1952. *Presbyterian Panorama.* Philadelphia: Board of Christian Education.

Edwards, Jonathan. 1834. *The works of Jonathan Edwards.* Vol. 2. Reprint, Edinburgh: The Banner of Truth Trust, 1995.

Elsbree, Oliver Wendell. 1928. *The rise of the missionary spirit in America 1790-1815.* Reprint, Philadelphia: Porcupine Press, 1980.

Evans, Eifion. 1969. *The Welsh revival of 1904.* Wales: Evangelical Press of Wales.

Ferguson, Sinclair. 1987. *John Owen on the Christian life.* Carlisle: The Banner of Truth Trust.

Finney, Charles. 1835. *Revivals of religion.* Fleming H. Revell Company.

Foote, William. 1846. *Sketches of North Carolina*. New York: Robert Carter.

Foster, John. 1948. The bicentenary of Jonathan Edwards' 'humble attempt.' *International Review of Missions* 37: 375-381.

Fulcher, John R. 1963. Puritan piety in early New England: A study in spiritual regeneration from the antinomian controversy to the Cambridge Synod of 1643 in the Massachusetts Bay Colony. Ph.D. diss., Princeton University.

Gerstner, John. 1993. *The Rational Biblical Theology of Jonathan Edwards*. Vol 3. Orlando: Berea Publications.

Gillett, E. H. 1864. *History of the Presbyterian Church in the United States of America*. Philadelphia: Presbyterian Publication Committee.

Goen, C. C., ed. 1972. *Jonathan Edwards: The Great Awakening*. New Haven: Yale University Press.

Green, Ashbel. 1832. Letter to William Sprague. *Lectures on revivals of religion*. Reprint, Edinburgh: The Banner of Truth Trust, 1959.

Griffin, Edward. 1832. *Letter to the Rev. Ansel D. Eddy, of Canandaigua, N.Y. on the narrative of the late revivals of religion in the Presbytery of Geneva*. Williamstown: Ridley Bannister.

Halsey, Le Joy. 1893. *A history of the McCormick Theological Seminary of the Presbyterian Church*. Chicago: McCormick Seminary.

Hambrick-Stowe, Charles. 1982. *The practice of piety*. Chapel Hill: The University of North Carolina Press.

_____. 1993. The spirit of the old writers: The Great Awakening and the persistence of Puritan piety. In *Puritanism: Transatlantic perspectives on a seventeenth-century Anglo-American faith*, ed. Francis Bremer. Boston: Massachusetts Historical Society.

Hardman, Keith. 1993. *Issues in American Christianity*. Grand Rapids: Baker Books.

Haroutunian, Joseph. 1970 [1932]. *Piety versus moralism*. New York: Harper Torchbooks.

Hays, Geo. 1892. *Presbyterians*. New York: J. A. Hill & Co., Publishers.

Heimert, Alan. 1968. *Religion and the American Mind from the Great Awakening to the Revolution*. Cambridge: Harvard University Press.

_____. 1977. Toward the republic. *The Great Awakening: Event and exegesis*, ed. Darrett Rutman. Huntington: Robert E. Krieger Publishing Company.

Heimert, Alan, and Perry Miller eds. 1967. *The Great Awakening*. Indianapolis: Bobbs-Merrill Education Publishing.

Hodge, Charles. 1851. *The constitutional history of the Presbyterian Church* in the United States of America. Philadelphia: Presbyterian Board of Publication.

_____. 1879. *Conference papers*. Edited by A. A. Hodge. New York: Charles Scribner's Sons.

Hoffecker, Andrew. 1981. *Piety and the Princeton Theologians*. Phillipsburg: Presbyterian and Reformed Publishing Co.

Hoffman, Fred W. 1956. *Revival times in America*. Boston: W. A. Wilde Company.

Humphrey, Heman. 1859. *Revival sketches and manual*. New York: American Tract Society.

Humphrey, Richard. 1967. The concept of conversion in the theology of Thomas Shepard(1605-1649). Ph.D. diss. Drew University.

Jones, Joseph. 1849. *The life of Ashbel Green, V.D.M.* New York: Robert Carter and Brothers.

Keller, Charles Roy. 1942. *The Second Great Awakening in Connecticut.* New Haven: Yale University Press.

Kevan, Ernest. 1993. *The grace of Law: A study in Puritan Theology.* Reprint, Ligonier: Soli Deo Gloria.

Krebs, John. 1860. Tears at the judgement. *The New York pulpit in the revival of 1858.* New York: Sheldon & company.

Lacy, Benjamin R. 1968. *Revivals in the midst of years.* Hopewell: Royal Publishers, Inc.

Lake, Benjamin. 1956. *The story of the Presbyterian Church in the U.S.A.* Philadelphia: The Westminster Press.

Le Beau, Bryan. 1997. *Jonathan Dickinson and the formative years of American Presbyterianism.* Kentucky: The University Press of Kentucky.

Lodge, Ellsworth. 1964. The great awakening in the middle colonies. Ph.D. diss., University of California, Berkeley.

Loetscher, Lefferts. 1944. Presbyterian revivals since 1875. *The*

Pennsylvania Magazine of History and Biography 68: 54-92.

_____. 1983. *Facing the enlightenment and pietism*. Westport: Greenwood Press.

Lovejoy, David. 1969. *Religious enthusiasm and the Great Awakening*. Englewood Cliffs: Prentice-Hall.

Lowrie, John. 1868. *Foreign missions of the Presbyterian Church in the United States of America*. New York: William Rankin.

Macartney, Clarence. 1931. The Presbyterian Church and the day of beginnings. In *The centennial of the Western Foreign Mission Society*, ed. James Kelso. Pittsburgh: Auspices of the Committee of Pittsburgh Presbytery.

MacCormac, Earl. 1961. Jonathan Edwards and missions. *Journal of the Presbyterian Historical Society* 39: 219-229.

Marsden, George. 1969. The New School heritage and Presbyterian fundamentalism. *Westminster Theological Journal* 32: 129-147.

_____. 1970. *The evangelical mind and the New School Presbyterian experience*. New Haven: Yale University Press.

_____. 1980. *Fundamentalism and American culture: The shaping of twentieth-century evangelicalism 1870-1925*. Oxford: Oxford University Press.

_____. 1990. *Religion and American culture*. Fort Worth: Harcourt Brace College Publishers.

Mathews, Donald. 1978. The Second Great Awakening as an organizing process 1780-1830. In *Religion in American history interpretive essays*, ed. John Mulder and John Wilson. Englewood Cliffs: Prentice-Hall.

Maxon, Charles. 1958. *The Great Awakening in the middle colonies*. Gloucester: Peter Smith.

McLoughlin, William. 1978. *Awakenings, and reform*. Chicago: The University of Chicago Press.

Miller, Samuel. 1832. Letter to William Sprague. In *Lectures on revivals of religion*. Reprint, Edinburgh: The Banner of Truth Trust, 1959.

_____. 1846. The earth filled with the glory of the Lord. In *The Missionary enterprise*, ed. Baron Stow. Boston: Gould, Kendall and Lincoln.

_____. 1869. *The life of Samuel Miller.* Philadelphia: Caxton, Remsen & Haffelfinger.

Morgan, Edmund. 1963. *Visible saints.* Ithaca: Cornell University Press.

Murray, Iain. 1971. *The Puritan hope.* Edinburgh: The Banner of Truth Trust.

_____. 1994. *Revival and revivalism.* Edinburgh: The Banner of Truth Trust.

Nevius, Helen. 1895. *The life of John Livingston Nevius.* New York: Fleming H. Revell Company.

Nevius, John. n.d. *Planting and development of missionary churches.* Phillipsburg: Presbyterian and Reformed Publishing Company.

Oberholzer, Emil. 1956. *Delinquent saints.* New York: Columbia University Press.

Old, Hughes Oliphant. 1989. Gilbert Tennent and the preaching of piety in Colonial America: Newly discovered Tennent manuscripts in Speer library. *The Princeton Seminary bulletin* 10: 132-7.

Olmstead, Clifton. 1960. *History of religion in the United states*. Englewood Cliffs: Prentice-Hall.

Opie, John. 1965. James McGready: The theologian of frontier revivalism. *Church History* 34: 445-456.

_____. 1973. Finney's failure of nerve: The untimely demise of evangelical theology. *Journal of Presbyterian History* 51: 155-173.

Packer, J. I. 1990. *A quest for godliness*. Wheaton: Crossway Books.

Pemberton, Ebenezer. 1744. *A sermon preached in Newark, June 12. 1744. at the ordination of Mr. David Brainerd, a missionary among Indians*. Boston: Rogers and Fowle.

Pettit, Norman. 1966. *The heart prepared: Grace and conversion in Puritan life*. New Haven: Yale University Press.

Prime, Samuel. 1858. *The power of prayer: The New York revival of 1858*. Reprint, The Banner of Truth Trust, 1991.

Primus, John. 1989. *Holy time: Moderate Puritanism and the Sabbath*. Macon: Mercer University Press.

Rice, N. L. 1853. *The Old and New Schools*. Cincinnati: John D. Thorpe.

Roberts, William. 1908. The part which American Presbyterians have had in foreign missions in the past. In *The world-call in men of today*, ed. David McConaughy. New York: The Board of foreign missions of the PCUSA.

_____. 1922. *A concise history of the Presbyterian Church in the United States of America*. Philadelphia: Presbyterian Board of Publication and Sabbath-School work.

Rooy, Sidney. 1965. *The theology of missions in the Puritan tradition*. Meinema: Delft.

Rowland, John. 1745. Letter to Mr. Prince. *Historical collections of accounts of revival*, ed. John Gillies, 1845. Reprint, Edinburgh: The Banner of Truth Trust, 1981.

Samworth, Herbert. 1988. Those astonishing wonders of his grace. Ph.D. diss., Westminster Theological Seminary.

Schmidt, Leigh E. 1985. Jonathan Dickinson and the making of the moderate Awakening. *Journal of Presbyterian History* 63: 341-353.

Scott, John. 1994. James McGready: Son of thunder, father of the great revival. *Journal of Presbyterian History* 72: 87- 95.

Shepard, Thomas. 1646. *The sincere convert and the sound believer*. Reprint, Ligonier: Soli Deo Gloria Publications, 1991.

_____. 1695. *The parable of the ten virgins. Reprint*, Ligonier: Soli Deo Gloria Publications, 1990.

Smith, Timothy. 1957. *Revivalism and social reform*. Nashville: Abingdon Press.

Solberg, Winton. 1977. *Redeem the time: The Puritan Sabbath in early America*. Cambridge: Harvard University Press.

Speer, William. 1872. *The Great Revival of 1800*. Philadelphia: *Presbyterian Board of Publication*.

Sprague, William. 1839. *Sermons by the late Rev. Edward D. Griffin*. Reprint, Edinburgh: The Banner of Truth Trust, 1987.

Stoeffler, Earnest. 1976. *Continental pietism and early American Christianity*. Grand Rapids: Eerdmans Publishing Co.

Story, Allan. 1994. Promoting revival: Jonathan Edwards and preparation for revival. Ph.D. diss., Westminster Theological Seminary.

Tennent, Gilbert. 1735. Solemn Warning. In *The Great Awakening*, ed. Richard Bushman 1970. Chapel Hill: University of North Carolina Press.

_____. 1739. An exhortation to walk in Christ. In *Salvation in full color*, ed. Richard Roberts. Wheaton: International Awakening Press, 1994.

_____. 1740. The danger of an unconverted ministry. In *The Great Awakening*, ed. Alan Heimert and Perry Miller. Indianapolis: Bobbs-Merrill Education Publishing, 1967.

_____. 1744. Letter to Mr. Prince. In *Historical collections of accounts of revival*, ed. John Gillies, 1845. Reprint, Edinburgh: The Banner of Truth Trust, 1981.

_____. 1745. *The nature of Justification opened*. Philadelphia: Bradford.

Tennent, John. 1735. *The nature of adoption, with its consequent privileges explained*, ed. Richard Roberts. Wheaton: International Awakening Press, 1994.

Tennent, William. 1744. Letter to Mr. Prince. In *Historical collections of accounts of revival*, ed. John Gillies, 1845. Reprint, Edinburgh: The Banner of Truth Trust, 1981.

Tracy, Joseph. 1842. *The great awakening*. Reprint, Edinburgh: The Banner of Truth Trust, 1989.

Trinterud, Leonard. 1949. *The forming of an American Tradition*. Philadelphia: The Westminster Press.

Tyler, Bennet, and Andrew Bonar. 1854. *The life and labours of Ashahel Nettleton*. Reprint, Edinburgh: The Banner of Truth Trust, 1975.

Westerkamp, Marilyn J. 1988. *Triumph of the laity*. New York: Oxford University Press.

Willis, M. H., ed. 1841. *The revival of religion*. Reprint, Edinburgh: The Banner of Truth Trust, 1984.

⟨한국 장로교 역사⟩

Adams, J. E. 1902. The story of hat. *The Korea Field*. 26-27.

Baird, Richard. 1968. *William M. Baird of Korea*. Oakland: Richard Baird.

Baird, William. 1896. Should polygamists be admitted to the Christian church. *The Korean Repository* 3: 194-198.

_____. 1907. The Spirit among Pyeng Yang students. *The Korea Mission Field* 3: 65-67.

_____. 1909. Educational work. In *Quarto centennial papers read before the Korea mission of the Presbyterian Church in the U.S.A.* Pyeng Yang. Bernheisel, C.F. 1901. Classes in Whang Hai province. *The Korea Field*. 2.

_____. 1902. Taking up the burden. *The Korea Field*. 65.

_____. 1912. *The apostolic church as reproduced in Korea*. n.p.

_____. 1942. *Forty one years in Korea*. n.p.

Best, Margaret. 1901. Fruits of women's work in the north. *The Korea Field* 1: 7-8.

_____. 1903. Among country women. *The Korea Field* 1: 81-83.

Blair, Herbert. 1906. The Alexander Sampson rest house. *The Korea Mission Field* 2: 184-185.

_____. 1934. Fifty years of development of the Korean church. *The fiftieth anniversary celebration of the Korea mission of the Presbyterian Church in the U.S.A.* Seoul: John D. Wells School.

_____. 1938. *Christian stewardship in Korea.* India: The Wesley Press and Publishing House.

Blair, William Newton. 1957. *Gold in Korea.* Kansas: H. M. Ives & Sons, Inc.

Blair, William, and Bruce Hunt. 1977. *The Korean pentecost and the sufferings which followed.* Edinburgh: The Banner of Truth Trust.

Brockman, F. M. 1907. Thanksgiving observations at Chai Ryung. *The Korea Mission Field* 3: 28-30.

Brown, Arthur J. 1919. *The mastery of the Far East.* New York: Charles Scribner's sons.

Bruen, H. M. 1907. The Spirit at Taiku. *The Korea Mission Field* 3: 51-53.

Bruen, Clara, ed. 1988. *40 years in Korea*. Atlanta: Bruen.

A call to a special effort. 1905. *The Korea Mission Field* 2: 30.

Clark, Charles A. 1907. April itineration. *The Korea Mission Field* 3: 74-76.

_____. 1921. *First fruits in Korea*. New York: Fleming H. Revell Company.

_____. 1934. Fifty years of mission organization principles and practice. *The fiftieth anniversary celebration of the Korea mission of the Presbyterian Church in the U.S.A.* Seoul: John D. Wells School.

_____. 1937. *The Nevius plan for mission work*. Seoul: Christian Literature Society.

_____. 1991. *The work of the pastor*. Reprint, Seoul: The Christian Literature Society.

Davis, George. 1910. *Korea for Christ*. New York: Fleming Revell Co.

Doty, S. A. 1902. Private letter of S. A. Doty. *The Korea Field*.

Engel, G. O. 1904. Native customs and how to deal with them. *The Korea Field* 1: 204-205.

Foote, W. R. 1905. To foil the tempter. *The Korea Field* 1: 266.

Gale, James. 1902. Evangelistic work in Seoul. *The Korea Field* 1: 49.

_____. 1904. The Bible for the Koreans. *The Korea Field* 1: 200-202.

_____. 1906. Happy Ye. *The Korea Mission Field* 2: 97-100.

_____. 1907. *Korea in transition*. Nashville: Publishing House of the Methodist Episcopal Church.

Gibbard, Noel. 1998. *Griffith John, apostle to central China*. Wales: Bryntirion Press.

Gifford, Daniel. 1898. *Everyday life in Korea*. Chicago: Student Missionary Campaign Library.

Goforth, Jonathan. 1918. *When the Spirit's fire swept Korea*. Grand Rapids: Zondervan Publishing House.

Harrison, W. B. 1902. General report of Chunju station. *The Korea Field* 1: 68-69.

_____. 1904. Chunju notes. *The Korea Field* 1: 157.

Hunt, William. 1901. October report. *The Korea Field* 1: 16.

_____. 1904. Whang Ju circuit. *The Korea Field* 1: 93-94.

_____. 1907. Impressions of an eye witness. *The Korea Mission Field* 3: 37-38.

John, Griffith. 1890. *Seng-Gyo-Chal-Li* [Considering the Doctrine of Christianity]. Translated by Horace Underwood. n.p.

_____. 1891. *Sang-De-Jin-Ri* [Truth of the Father]. Translated by Horace Underwood. n.p.

_____. 1893. *Jung-Sang-Ji-Do* [Direction of Regeneration]. Translated by Horace Underwood. n.p.

_____. 1895. *Gu-Se-Jin-Ju* [Truth of the Savior]. Translated by William Baird. n.p.

_____. 1897. *Duk-Hae-Ip-Mun* [The Gate of Virtue and Wisdom]. Translated by Horace Underwood. n.p.

Jones, George, and Arthur Noble. 1910. *The Korean revival*. New York: The Board of Foreign Missions of the Methodist Episcopal Church.

Judson, A. 1894. *Chun-Ro-Ji-Ki* [Knowing the Heavenly Road]. Translated by William Baird. n.p.

Kearns, C. E. 1906. More and yet more. *The Korea Mission Field* 2: 171-2.

_____. 1907. Letter to Arthur Brown. 3 March. Transcript in the Department of History and Records at the PCUSA, Philadelphia.

Lee, Graham. 1907. How the Spirit came to Pyeng Yang. *The Korea Mission Field* 3: 33-37.

McCune, George. 1907a. The Holy Spirit in Pyeng Yang. *The Korea Mission Field* 3: 1-2.

_____. 1907b. The wonder of it. *The Korea Mission Field* 3: 44-45.

_____. 1907c. Opening days at the theological seminary. *The Korea Mission Field* 3: 89-90.

_____. 1907d. Letter to Arthur Brown. 15 January. Transcript in the Department of History and Records at the PCUSA, Philadelphia.

McFarland, E. F. 1907. Itineration events. *The Korea Mission Field* 3: 47-48.

Miller, F. S. 1906. The neglected provinces of Korea. *The Korea Mission Field* 2: 193-195.

_____. 1907. Establishing Chong Ju station. *The Korea Mission Field* 3: 123-124.

_____. 1908. Why Kim thought he had received the Spirit. *The Korea Mission Field* 4: 23-24.

Miller, H. 1906. A Christian concubine. *The Korea Mission Field* 2: 170.

Moffett, Samuel Austin. 1890. Letter to Ellinwood. 18 March. Transcript in the Department of History and Records at the PCUSA, Philadelphia.

_____. 1901a. Faithful under persecution. *The Korea Field* 1: 2.

_____. 1901b. October report. *The Korea Field* 1: 14.

_____. 1902. The Pyeng Yang city church. *The Korea Field* 1: 74-75.

_____. 1904. Policy and methods in evangelization of Korea. *The Korea Field* 1: 193-198.

_____. 1909. Evangelistic work. *Quarto centennial papers read before the Korea mission of the Presbyterian Church in the U.S.A.* Pyeng Yang.

_____. 1934. Fifty years of missionary life in Korea. *The fiftieth anniversary celebration of the Korea mission of the Presbyterian Church in the U.S.A.* Seoul: John D. Wells School.

Moffett, Samuel Hugh. 1962. *The Christians of Korea.* New York: Friendship Press.

_____. 1973. The church today in South Korea. *The Reformed World* 35: 244-50.

_____. 1990. The thought of Dr. Samuel Moffett. *The Presbyterian Forum* 6: 7-17.

Moore, S. F. 1896. Early missionary methods. *The Korean Repository* 3: 93-99.

_____. 1901. October report. *The Korea Field* 1: 15.

_____. 1905. The gospel regenerates. *The Korea Field* 1: 239-240.

_____. 1906a. The revival in Seoul. *The Korea Mission Field* 2: 115-116.

_____. 1906b. The Revival. *The Christian News* 18 January.

Moose, J. R. 1906. A Great Awakening. *The Korea Mission Field* 1: 51-2.

Reynolds, W. D. 1904. Christian literature for Korea. *The Korea Field* 1: 202-3.

Rhodes, Harry. 1934. *History of the Korea mission Presbyterian Church U.S.A.* 1884-1934. Seoul: Chosen Mission Presbyterian Church U.S.A.

Ross, Cyril. 1906. Causes for reporting. *The Korea Mission Field* 2: 44-47.

Sharp, Charles. 1906. Motives for seeking Christ. *The Korea Mission Field* 2: 182-183.

_____. 1907. The developing of a church. *The Korea Mission Field* 3: 45-46.

Sharrocks, A. M. 1905. Two humble workers. *The Korea Mission Field* 1: 9.

_____. 1907. Letter to Arthur Brown. 8 April. Transcript in the Department of History and Records at the PCUSA, Philadelphia.

Shearer, Roy E. 1966. *Wildfire: Church growth in Korea.* Grand Rapids: William B. Eerdmans Publishing Company.

Sidebotham, R. H. 1905. Pusan's country work. *The Korea Mission Field* 2: 25-26.

Soltau, T. Stanley. 1932. *Korea: The Hermit Nation and Its Response to Christianity.* New York: World Dominion Press.

Speer, Robert. 1898. *Report on the mission in Korea of the Presbyterian Board of Foreign Missions.* New York: The Board of Foreign Missions of the Presbyterian Church in the U.S.A.

_____. 1931. The founders and foundations. *The centennial of the Western Foreign Mission Society*, ed. James Kelso.

Pittsburgh: Auspices of the Committee of Pittsburgh Presbytery.

Swallen, W. L. 1907a. God's work of grace in Pyeng Yang classes. *The Korea Mission Field* 3: 77-80.

_____. 1907b. Letter to Arthur Brown. 18 January. Transcript in the Department of History and Records at the PCUSA, Philadelphia.

Vinton, C. C. 1907a. The Holy Spirit in Korea. *The Korea Mission Field* 3: 25.

_____. 1907b. Recent work of the Holy Spirit in Seoul. *The Korea Mission Field* 3: 41.

_____. 1907c. The revival season now on us. *The Korea Mission Field* 3: 185-186.

_____. 1908. Editorial. *The Korea Mission Field* 4: 25.

Welbon, A. G. 1906. The gospel of cleanliness in Korea. *The Korea Mission Field* 2: 130.

Zwemer, Samuel, and Arthur Brown. 1908. *The nearer and farther East.* New York: The Macmillan Company. 182.

초기 한국 장로교회의 청교도 신학

등록번호 제 9-00101호

2003년 1월 15일 초판 인쇄
2003년 1월 20일 초판 발행

저　자 / 김홍만
발행인 / 손정기
발행처 / 도서출판 옛적길

142-805
서울 강북구 미아5동 62-3 2층

TEL. 02-951-4982 (FAX 겸용)

이 출판물은 저작권법에 의해 보호를 받는 저작물이므로
무단 전제와 무단 복제를 할수 없습니다.

값 7,000원
ISBN 89-90271-03-7